POR QUE ARTE-EDUCAÇÃO?

APRESENTAÇÃO DA COLEÇÃO

Ágere, termo latino, é fonte primeira de duas palavras de uso corrente em português: agir (que chegou a nós do francês, *agir*) e arte (de *ars, artis*).

Assim, escolhemos *Ágere* para denominar uma coleção que busca instigar o debate e desenvolver a crítica tanto no agir educacional, no sentido amplo, relacionado às várias disciplinas que integram o currículo (campo do universo objetivo), quanto no campo da arte, via de expressão privilegiada do universo subjetivo e espelho das culturas e de seu tempo.

JOÃO-FRANCISCO DUARTE JÚNIOR

POR QUE ARTE-EDUCAÇÃO?

PAPIRUS EDITORA

Capa | Fernando Cornacchia
Foto de capa | Rennato Testa
Revisão | Mirian de Camargo e Maria Lúcia A. Maier

Dados Internacionais de Catalogação na Publicação (CIP)
(Câmara Brasileira do Livro, SP, Brasil)

Duarte Júnior, João-Francisco
Por que arte-educação?/João-Francisco Duarte Júnior – 22ª ed.
– Campinas, SP: Papirus, 2012. (Coleção Ágere)

ISBN 978-85-308-0003-1

1. Arte – Estudo e ensino 2. Arte – Filosofia 3. Educação – Filosofia
I. Título. II. Série.

	CDD-707
12-05251	-370.1

Índice para catálogo sistemático:

1. Arte: Estudo e ensino 707
2. Arte e educação: Filosofia da educação 370.1
3. Educação: Fundamentos estéticos: Filosofia da educação 370.1
3. Educação artística 370.1
4. Educação e arte: Filosofia da educação 370.1

22ª Edição – 2012
9ª Reimpressão – 2023
Livro impresso sob demanda – 150 exemplares

Exceto no caso de citações, a grafia deste livro está atualizada segundo o Acordo Ortográfico da Língua Portuguesa adotado no Brasil a partir de 2009.

Proibida a reprodução total ou parcial da obra de acordo com a lei 9.610/98.
Editora afiliada à Associação Brasileira dos Direitos Reprográficos (ABDR).

DIREITOS RESERVADOS PARA A LÍNGUA PORTUGUESA:
© M.R. Cornacchia Editora Ltda. – Papirus Editora
R. Barata Ribeiro, 79, sala 316 – CEP 13023-030 – Vila Itapura
Fone: (19) 3790-1300 – Campinas – São Paulo – Brasil
E-mail: editora@papirus.com.br – www.papirus.com.br

O sentido da vida é um sentimento.
Rubem Alves

SUMÁRIO

1. INICIANDO   9
2. ADESTRAMENTO E APRENDIZAGEM   15
3. A EDUCAÇÃO, NUM CONTEXTO CULTURAL   25
4. LINGUAGEM E ARTE   37
5. O ARTISTA E O ESPECTADOR   51
6. FUNDAMENTOS DA ARTE-EDUCAÇÃO   63
7. A ARTE-EDUCAÇÃO ENTRE NÓS   79

1
INICIANDO

Todos nós que passamos por uma escola tivemos a oportunidade (ou a obrigação) de frequentar "aulas de arte". De uma ou de outra forma, aquelas aulas estavam lá: espremidas entre disciplinas que em geral eram consideradas "mais sérias", ou "mais importantes", para a nossa vida futura. Era preciso saber os teoremas de cor, os modos dos verbos, a localização da Patagônia, a data da Lei do Ventre Livre e o que significava sístole e diástole, se quiséssemos seguir adiante. Seguir adiante: cursar o ensino médio, um bom cursinho e entrar numa universidade. Na universidade finalmente aprenderíamos a ser cidadão respeitável, um profissional, que ao receber o diploma daria o último passo no aprendizado da seriedade. Devolvidos à sociedade seríamos então tratados por "doutor" e seríamos felizes, trabalhando seriamente a favor de nosso progresso e do desenvolvimento da nação.

Nesse ponto é possível que nos recordássemos de nossos primeiros anos de escola e – quem sabe? – daquelas "aulas de arte". Com um sorriso nos lábios, lembraríamos toda a "bagunça" que fazíamos em tais aulas, já que o professor era sempre mais tolerante (ou mais "bobo", como pensávamos). Lembraríamos também que às vezes era uma "curtição" jogar tinta sobre o papel desordenadamente, afirmando que aquilo era "arte moderna"; ou ainda serrar, lixar, envernizar e montar nossos porta-copos e bandejas; e mesmo desafinar propositalmente durante a execução dos hinos pátrios, na aula de música.

De todas essas lembranças é provável que chegássemos a uma conclusão: as aulas de arte serviam mesmo é para divertir, para aliviar a tensão provocada por todos aqueles outros professores sisudos e suas exigências intermináveis. Hoje, como médicos, engenheiros, psicólogos ou economistas, não veríamos nenhuma "utilidade" naquelas atividades, além da diversão. Jamais aquelas aulas poderiam ter cumprido outra finalidade, jamais elas poderiam fazer de nós um "doutor" mais eficiente.

Mas será que não poderiam mesmo? Será que a arte, na vida do homem, não é algo mais do que simples lazer? (Se bem que o lazer é importantíssimo.) Será que, espremida entre as disciplinas "sérias", as aulas de arte não estariam relegadas a segundo ou terceiro plano pelo próprio sistema educacional? Será que não haveria uma forma de a arte contribuir mais efetivamente para o nosso desenvolvimento?

Este livro foi escrito para tentar responder a essas (e a algumas outras) questões. E as respostas a tais questões devem, necessariamente, passar por um conflito básico em nosso estágio atual de civilização: aquele entre o "útil" e o "agradável". Em geral as coisas úteis, "sérias", são aquelas que identificamos como maçantes, trabalhosas; em outros termos: são as *obrigações* que temos de cumprir, mais ou menos a contragosto, e que nos permitem sobreviver nas selvas de concreto e aço de nossas cidades. Já as agradáveis, prazerosas, são aquelas reservadas às nossas férias e feriados, isto é, as que guardamos para usufruir *após* terem sido cumpridas as nossas maçantes obrigações. Nesse segundo grupo, além de outras atividades, estão: a nossa ida ao cinema, a um concerto, o disco que ouvimos, o quadro que ganhamos e que passamos algum tempo a contemplar. Em suma: a arte é uma das atividades prazerosas deste mundo (pelo menos para o espectador).

Essa divisão entre o útil e o agradável, contudo, não para aí, nas atividades que exercemos. Ela acaba se refletindo em nossa própria organização interior, mental. Assim é que, por exigências de nossa civilização, devemos separar nossos sentimentos e emoções de nosso raciocínio e intelecção. Há locais e atividades onde devemos ser "racionais" apenas, deixando de lado as emoções. Já em outros, podemos sentir e manifestar dor, prazer, amor, alegrias, tristezas etc. Estamos divididos e compartimentados num mundo altamente especializado, e, se quisermos alcançar o "sucesso", devemos manter essa compartimentação.

Por isso nossas escolas iniciam-nos, desde cedo, na técnica do esquartejamento mental. Ali devemos ser apenas um homem pensante. As emoções devem ficar fora das quatro paredes das salas de aula, a fim de não atrapalhar nosso desenvolvimento intelectual. Os "recreios" e as "aulas de arte" são os únicos momentos em que a estrutura escolar permite alguma fluência de nossos sentimentos e emoções. E há jeito de ser diferente?

Talvez haja. Talvez as emoções não atrapalhem – como usualmente se acredita – nosso desenvolvimento intelectual. Pode ser até que ambos – razão e emoção – se completem e se desenvolvam mutuamente, dialeticamente.

Foi pensando e acreditando nisso que alguns estudiosos propuseram uma educação baseada, fundamentalmente, naquilo que *sentimos*. Uma educação que partisse da expressão de sentimentos e emoções. Uma *educação através da arte*.

Esta expressão – educação através da arte –, criada por Herbert Read em 1943, popularizou-se e chegou até nós. Posteriormente foi abreviada e simplificada para: *arte-educação*, mas seu espírito original ainda continua vivo. É preciso dirimir dúvidas desde já: arte-educação não significa o treino para alguém se tornar um artista, não significa a aprendizagem de uma técnica, num dado ramo das artes. Antes, quer significar uma educação que tenha a arte como uma de suas principais aliadas. Uma educação que permita uma maior sensibilidade para com o mundo que cerca cada um de nós.

Aqui no Brasil o termo *arte-educação* vem sendo bastante empregado – pelo menos verbalmente – após o advento da conhecida Lei 5.692/71. Lei esta que, em 1971, pretendeu "modernizar" nossa estrutura educacional, fixando suas diretrizes e bases. Ali no texto da Lei se reservava (timidamente) algumas poucas horas do currículo (em geral duas, por semana) para a arte. E a partir de então multiplicaram-se os cursos superiores para a formação do arte-educador. Pretendeu-se, assim, que aquilo que já existia nos currículos, de forma quase empírica – as "aulas de arte" –, se sistematizasse e tivesse uma fundamentação teórica e filosófica. Se isto foi conseguido, se a arte passou realmente a ocupar um lugar mais nobre na estrutura escolar, é um assunto para discutirmos mais adiante, no final deste trabalho. Por ora, basta que se assinale este ponto de relevo oficial para a expressão *arte-educação*: sua inclusão na legislação escolar.

Para que possamos analisar adequadamente, atingindo o cerne do pensamento que fundamenta a arte-educação, será necessário decompor o termo em seus elementos constituintes. Vamos parti-lo em arte e educação, buscando clarificar o que é, isoladamente, a educação e a arte. Nessa busca, certamente, encontraremos a convergência de uma série de elementos da arte e da educação para um ponto comum: a criação de um sentido para as nossas vidas.

Como toda educação se fundamenta num processo básico do ser humano, será por ele que iniciaremos este nosso caminho: o processo da aprendizagem. Como aprendemos? O que aprendemos? Para que aprendemos? Três questões que alicerçam todo o edifício educacional, ou melhor, todo o edifício da vida humana construída neste mundo.

Comecemos por aí.

2
ADESTRAMENTO E APRENDIZAGEM

Quase todos já ouviram falar que alguns psicólogos se utilizam de ratos em seus experimentos. Os resultados de tais experimentos, em geral, são generalizados e extrapolados para o homem: eles *creem* que entre ratos e homens a diferença seja muito pequena; de grau, somente. Apesar de algumas pessoas que conhecemos realmente se aproximarem bastante dos ratos, ainda as diferenças são enormes. Porém, um pequeno e modelar experimento com esses roedores pode nos auxiliar e servir como ponto de partida.

Deixando um rato sem beber durante 24 horas e colocando-o depois numa gaiola apropriada (conhecida como "caixa de Skinner"), ele certamente virá a "aprender" um novo comportamento. Nessa gaiola existe uma pequena alavanca que, quando pressionada, fornece uma gota de água. Apoiando-se na alavanca e recebendo a água, logo o animal estabelece a ligação entre uma coisa e outra e passa a acionar o mecanismo "propositalmente" para saciar a sua sede. Vamos dizer, então, que o rato "aprendeu" (entre aspas) a pressionar a barra: ele adquiriu um novo comportamento.

O fundamental desse experimento é que o animal só "aprendeu" esse novo comportamento porque ele o auxilia a resolver um problema crucial: *a sua sobrevivência*. Pressionando a barra ele impede a própria morte: sobrevive! O rato não poderia ser "treinado" – o experimento não se realizaria – se ele não estivesse necessitando da água.

Daí podermos deduzir que o comportamento animal procura sempre resolver este imperativo básico, que é manter a vida. O animal *se adapta* a seu meio ambiente e ali pode vir a desenvolver algumas habilidades, se estas o auxiliarem na tarefa de sobreviver. Ursos "aprendem" a andar de bicicleta, elefantes a "plantar bananeira" e cães a jogar bola, pois dependem de tais atividades para receber comida de seu treinador. É este o motor da "aprendizagem" no mundo animal: garantir a vida, a sobrevivência.

Porém, esse modelo de "aprendizagem" não pode ser integralmente aplicado a seres humanos. Nós possuímos uma dimensão a mais em relação ao animal, que transforma radicalmente a vida meramente biológica em algo *qualitativamente* diferente. Essa dimensão é a *dimensão simbólica* do mundo humano: *a palavra*.

Através da palavra o homem se "desprendeu" (transcendeu) de seu corpo físico. O mundo animal é aquilo que seus sentidos lhe permitem: o que ele vê, ouve, cheira e toca. Já o mundo humano vai além, muito além, daquilo que existe à nossa volta, acessível a nossos sentidos. E vai além, através dos símbolos, da palavra. Quando digo "Antártida", por exemplo, a palavra me traz à consciência uma região do planeta que não está agora ao alcance de meus sentidos. Posso *saber* dessa região gelada sem jamais ter estado lá. Posso conhecê-la por um símbolo, por uma palavra que a representa.

Um outro exemplo: posso pensar no que fiz *ontem* e planejar o que farei *amanhã*. Tenho consciência do tempo: de um passado, um presente e um futuro. Isso é possível pela palavra, que me representa o ontem, o hoje e o amanhã. Enquanto o animal só possui o seu presente: está aderido a um hoje eterno.

Podemos concluir então que o homem não está preso a seu corpo e a seu presente como está o animal, mas tem *consciência* de outras dimensões e de outros tempos. A consciência humana é, dessa forma, produto de sua capacidade simbólica, produto de sua palavra. O que faz o homem ter uma vida qualitativamente diferente de todas as demais formas de vida. O ser humano tem uma *consciência reflexiva,* isto é, pode pensar em si próprio, pode tomar-se como objeto de seu pensamento. Pensamento este que se dá graças à palavra.

Linhas atrás dissemos que o animal se adapta a seu meio ambiente. Incapaz de transformá-lo de maneira ordenada, planejada, ele deve sempre se adaptar às circunstâncias, desenvolvendo atividades que o auxiliem a sobreviver aqui e agora. Mas o homem não. Não se adapta simplesmente a um meio, e sim procura transformá-lo, modificá-lo, construí-lo. Faz com que o meio se adapte a ele. O homem constrói o mundo. Imprime um *sentido* às suas ações. Visa o futuro: planeja, pensa, e então age, construindo o que imaginou. Este é o mundo humano: um mundo que suplanta a simples dimensão física, que existe também como possibilidade; que existe como um *vir-a-ser*. Em suma: um mundo também simbólico.

Esta é então a radical diferença entre homem e animal: a consciência reflexiva, simbólica. A palavra é o primeiro *elemento transformador* do mundo de que se vale o ser humano. Por ela o mundo é ordenado num todo significativo. Com a palavra o homem organiza o real, atribuindo-lhe significados. Toda a massa de sensações e percepções é filtrada pela linguagem humana e recebe uma significação. Vejo uma forma difusa em meio a neblina: não sei o que é, apenas algo vago, sem sentido. Alguém me diz "aquilo é uma árvore". Imediatamente a forma ganha um sentido, um significado. Integra-se no meu mundo conhecido. Agora sei o que é aquilo, mesmo sem percebê-lo claramente. Tem um nome: árvore. Pelo nome adquiriu significação, passou a fazer parte de minha estrutura conceitual.

Ou então esse objeto à minha frente. Não sei o que é, não sei de sua utilidade, nunca o vi antes. Alguém me informa: "isto é um *grampeador* – com ele podemos prender juntas algumas folhas de papel". Se de agora em diante me falarem de um grampeador, saberei do que se trata. Meu mundo se ampliou. Nele coube mais um *nome*, mais um objeto significativo. O grampeador – o objeto e a palavra que o representa – passou a fazer parte do meu mundo.

O mundo que construímos tem o caráter de um todo unificado, ordenado. Evitamos o caos, a desordem. Vamos relacionando os eventos, os objetos e as nossas percepções numa estrutura organizada. Relacionamos tudo numa estrutura significativa, que nos permite dizer como o mundo é. E tal estrutura significativa nos é dada pela linguagem.

Merleau-Ponty, um filósofo francês, fala do comportamento humano como um *comportamento simbólico*. O animal *reage* aos estímulos físicos de seu meio. O homem *age*, em função dos significados que ele imprime à realidade. Age segundo a significação que sua linguagem permite.

Anteriormente afirmou-se que o motor da atividade animal era a sua sobrevivência: sua adaptação ao meio e o desenvolvimento de novos comportamentos buscam o fim último de se manter vivo. Isso também é verdade para o homem, se bem que verdade apenas parcialmente. Porque, se trabalhamos sempre para a nossa sobrevivência, essa sobrevivência não tem a ver somente com a manutenção da vida biológica. Tem a ver, principalmente, com a manutenção do significado, *do sentido da vida*. Buscamos não apenas manter a vida (biológica), mas fundamentalmente a sua *coerência* – a coerência num mundo simbólico.

A vida tem que fazer sentido. Temos de possuir nossos valores, sonhos e ideais, em função dos quais nos manteremos vivos. Comprar uma casa, escrever um livro, não roubar, ser honesto, casar são alguns desses valores que mantêm as pessoas existindo. Tais valores – tais significações – chegam a ser, no mundo dos homens, até mais importantes que a própria vida. Será essa uma afirmação paradoxal? Não, se pensarmos no caso extremo do suicida. Muitas vezes sua estrutura física, vital, se encontra perfeita. Mas ele se mata. E se mata porque sua existência perdeu a significação, deixou de fazer sentido. (Albert Camus, outro filósofo francês, dizia que a única questão filosófica realmente importante era o suicídio.)

Ou então pensemos no guerrilheiro: ele também entrega a vida para que um ideal continue existindo, para que o mundo um dia seja melhor – mesmo que ele já não esteja neste mundo. (No momento em que escrevo estas linhas é anunciada a morte do $10^{\underline{o}}$ prisioneiro político do IRA, na Irlanda, devido à greve de fome por eles mantida.)

Assim, a vida humana não é apenas vida (física), mas *existência*, ou seja, comporta um *sentido*. E esse sentido são as palavras que nos dão. A linguagem – e através dela os valores, os significados – fundamenta e estrutura nossa existência nesta terra.

Portanto, tudo em nosso mundo possui um valor e um nome. Os significados advêm fundamentalmente dos símbolos, das palavras, dos nomes. "No princípio era a Palavra", segundo o dizer bíblico. Estamos constantemente buscando significações para as nossas experiências. Estamos constantemente nomeando-as, comparando-as, tentando explicá-las. E isso através dos símbolos, da palavra. "Você não imagina o que é andar na montanha-russa", dizemos a um amigo que nunca foi a um parque de diversões. "É como estar num ciclone: você rodopia, seu estômago sobe, desce; sua noção de lugar, de espaço, fica perdida" – procuramos explicar-lhe. O que estamos fazendo? Tentando dar um significado, um sentido para aquela experiência, ao traduzi-la em palavras.

Nossas experiências vividas são sempre seguidas de simbolizações, que permitem explicitá-las (a nós mesmos). Gendlin, um psicólogo norte-americano, afirma que toda significação tem dois componentes: as experiências e os símbolos. Isto é: *tudo o que experienciamos, procuramos nomear, explicitar simbolicamente; e, inversamente, todos os novos conceitos que adquirimos, nós os compreendemos por referência a nossas experiências anteriores.* Expliquemos melhor essa afirmação.

O exemplo acima, da montanha-russa, refere-se à primeira parte de nossa afirmação: vivemos uma experiência, *sentimos* o que é andar naquele brinquedo e, depois, tentamos dar um sentido a essa nova vivência. Procuramos torná-la inteligível, explicitável, através dos símbolos verbais (palavras). Dizemos então que nossa sensação foi a de "estar num ciclone", que "perdemos a noção de espaço", que "nosso estômago pareceu subir e descer" etc. Ou seja: procuramos *nomear* e comparar a experiência com outras (estar num ciclone, por exemplo).

Agora a segunda parte da assertiva: todos os novos conceitos que aprendemos, nós os compreendemos por referência às nossas experiências anteriores. Vejo uma máquina que não conheço, e sou informado de que se trata de uma "guilhotina", utilizada para cortar papéis. Este novo conceito, "guilhotina", eu só o compreendo por já saber o que é *papel* e o que é o *ato de cortar*. Isto é: o novo conceito "se prende" às experiências anteriores que já tive, com papéis e com o ato de cortar. Um novo símbolo, uma nova palavra, um novo conceito somente é compreendido tomando-se por base nossas vivências anteriores.

Este é então o mecanismo do conhecimento humano: um jogo (dialético) entre o que é *sentido* (vivido) e o que é *simbolizado* (transformado em palavras ou outros símbolos).

De certa forma, esse é o jogo entre o *sentir* e o *pensar*, já que o pensamento sempre se dá através de palavras. Um jogo em que estamos mergulhados desde que adquirimos a fala, em nossa infância.

Vamos retornar então à questão da aprendizagem. O ratinho do primeiro exemplo, nós dissemos que ele "aprendeu" (entre aspas) a pressionar a barra para receber água. Na realidade, seria melhor dizer que ele foi *adestrado*, ou *treinado*, ou *condicionado*. Isso porque o rato não tem a capacidade de transformar aquela sua experiência num *símbolo*, isto é, de extrair dela um *significado*. Jamais ele poderá "contar" ("ensinar") a um companheiro seu a forma de se obter água quando colocado naquela gaiola. Sua experiência não recebe uma significação, não é transformada em símbolos que a representem.

Inclusive, se esse mesmo rato for colocado numa outra gaiola, em que a barra tenha um modelo, uma localização e uma cor diferentes, ele deverá novamente ser treinado para pressionar a nova barra. Não possuindo a capacidade abstrativa que os símbolos permitem, ele não pode *transferir* sua experiência para um novo contexto.

O que é bastante diferente da *aprendizagem* humana, no sentido forte do termo. Como nós transformamos nossas experiências em símbolos, abstraindo delas o seu significado, podemos agir em novas situações com base em experiências passadas. Exemplifiquemos.

Suponha-se que treinemos um cão a sentar-se cada vez que lhe mostramos um círculo recortado em um cartão. Cada vez que lhe apresentamos o cartão, ele se senta (para receber um pedaço de carne – condição essencial de qualquer treinamento). Se, em vez do círculo recortado, nós lhe apresentarmos um círculo desenhado numa folha de papel, ele já não se sentará. Ele foi treinado para responder apenas ao *círculo recortado*.

Agora com uma criança. Dizemos a ela que iremos jogar um jogo: cada vez que lhe mostrarmos um círculo (ela deve saber o que é um círculo, deve ter o conceito), ela deverá bater palmas. Podemos apresentar os mais diversos círculos, recortados, pintados, grandes, pequenos, que fatalmente ela aplaudirá.

No caso do cachorro, ele foi *treinado* a responder a um *sinal*, fixo e imutável. No caso da criança, ela *aprendeu* a responder a um conceito, a um *símbolo*. A criança abstrai o significado do conceito e o aplica a diferentes situações. Ou seja: ela aprende um significado.

Eis aí a diferença entre *aprendizagem* e *adestramento*. No adestramento há uma resposta fixa a um *sinal*, também fixo. Na aprendizagem há a abstração do significado que os *símbolos* permitem. E apenas o homem constrói símbolos.

Anteriormente foi dito aqui que o animal somente desenvolve novos comportamentos se estes o auxiliarem na tarefa de se manter vivo. No caso humano, em que não é apenas a vida biológica que está envolvida, mas também o seu sentido, a sua coerência, essa verdade se amplia um pouco. Nossa mente é seletiva: apenas aprendemos aquilo que percebemos como importante para a nossa *existência*. Tudo que foge aos nossos valores, tudo que não percebemos como necessário ao nosso dia a dia, é esquecido. Não é retido. Um exemplo claro dessa situação são as infindáveis "matérias" que decoramos apenas para fazer uma prova, na escola. Após a prova, o que foi *decorado* vai gradualmente desaparecendo de nossa memória, por não ter um uso no cotidiano.

Por isso, uma educação que apenas pretenda transmitir significados que estão distantes da vida concreta dos educandos não produz aprendizagem alguma. *É necessário que os conceitos (símbolos) estejam em conexão com as experiências dos indivíduos*. Voltamos assim à dialética entre o sentir (vivenciar) e o simbolizar. Este é o ponto fundamental no método de alfabetização do educador brasileiro Paulo Freire: aprende-se a escrever quando as palavras se referem às experiências concretamente vividas.

Aprender não é decorar. Aprender é um processo que mobiliza tanto os significados, os símbolos, quanto os sentimentos, as experiências a que eles se referem. Já decorar é algo assim como o que ocorre com o animal: uma resposta fixa, sem criatividade, a um estímulo fixo. A campainha toca, os alunos se sentam e passam a escrever um sem-número de palavras, cuja significação não compreendem bem. Cuja significação está distante de sua vida cotidiana. As palavras deixam de ser símbolos, representando conceitos, para se tornarem quase que meros *sinais*.

Aliás, sempre acreditei que a escola brasileira, nos dias que correm, está mais para uma "caixa de Skinner" do que para um local de real aprendizado. Está mais para o adestramento do que para a aprendizagem.

Resumo das ideias principais

- O animal é treinado, se adapta ao meio e responde a sinais.
- O homem aprende, transforma o meio, e tem um comportamento simbólico.
- A consciência humana, reflexiva, é função dos símbolos, da linguagem.
- Todo processo de conhecimento e de aprendizagem humanos se dá sobre dois fatores: as vivências (o que é sentido) e as simbolizações (o que é pensado).
- A tudo o que sentimos, vivemos, procuramos dar um significado, através dos símbolos (palavras).
- Todo novo conceito, nós o aprendemos com base em nossas vivências.

3
A EDUCAÇÃO, NUM CONTEXTO CULTURAL

Foi comentado, anteriormente, que o significado dado pelo homem à sua existência provém de um jogo entre o sentir (vivenciar) e o simbolizar (transformar as vivências em símbolos). Ou seja: o mundo humano tem na linguagem o seu instrumento básico de ordenação e significação. Porém, temos que notar que a linguagem é um fenômeno essencialmente *social,* produto não de um indivíduo isolado, mas de comunidades humanas.

Desde o nosso nascimento, a forma como devemos ver e entender o mundo nos é ensinada pelos nossos semelhantes através da linguagem. Para a criança, "as coisas lhe vêm vestidas em linguagem, não em sua nudez física; e esta vestimenta de comunicação a torna participante nas crenças daqueles que a rodeiam", anota Dewey, um educador norte-americano. Quer dizer: somos *educados* primordialmente através do código linguístico da comunidade em que estamos. Somos levados a compreendermo-nos no mundo segundo os significados dados por esse código.

A partir daí, as significações que encontraremos para nossa vida se desenvolvem *em conformidade* com a maneira de ser de nosso grupo social. Notem ainda que, na realidade, nossa "postura humana" é *aprendida*. Aprendemos a ser humanos: a perceber e a vivenciar o mundo como homens, através da comunidade. Fora de um contexto social não há seres humanos.

Esse fato é facilmente evidenciável pelo relato de estudiosos a respeito de algumas "crianças-selvagens" encontradas. Trata-se de crianças que, sendo perdidas ou abandonadas nas selvas em tenra idade, foram "adotadas" e criadas por animais (Tarzan e Mógli têm um fundo de realidade). Ao serem encontradas, já beirando a adolescência, bem pouco de humano havia nelas: andar quadrúpede, dentes mais desenvolvidos, grunhir e uivar eram suas características. Trazidas ao convívio dos homens pouco conseguiram aprender e logo morreram, sucumbindo à sociedade. Elas haviam aprendido a ser animais, e o mundo humano lhes era estranho.

Tornamo-nos humanos, portanto, em decorrência de um processo educativo cujo principal veículo é a linguagem. Por ela aprendemos a ordenar o mundo numa estrutura significativa e adquirimos as "verdades" da comunidade onde deveremos viver. Tal processo educacional primário – aprender a ser humano – é chamado de *socialização*, por alguns autores. A criança é socializada: adquire uma linguagem e, com ela, uma determinada forma de falar, pensar e agir, *segundo a cultura em que está*.

O final do período anterior foi grifado porque precisamos notar agora um fenômeno fundamental. Diferentes comunidades humanas constituem *culturas* distintas, isto é, maneiras diversas de falar, sentir, entender e agir no mundo. Uma cultura significa um grupo humano que apresenta características próprias em suas construções e formulações: possui um determinado sistema político, econômico, crenças, língua, religião, arte, costumes etc. Cada cultura apresenta uma fisionomia particular, um "jeito de ser" básico que é compartilhado por seus membros.

Pode-se então falar no "estilo de vida do chinês", no "modo britânico de ser", no *american way of life* e no "jeitinho que o brasileiro sempre dá". Quando fazemos tais afirmações estamos notando que indivíduos de diferentes culturas apresentam determinados traços peculiares em sua forma de viver, que os diferenciam uns dos outros. Por esse motivo diz-se que todos nós apresentamos uma determinada *personalidade cultural*, ou seja, um conjunto de traços que são comuns a todos os membros de nosso grupo cultural.

Assim, quando somos "socializados" – quando aprendemos a ser humanos – estamos também aprendendo o estilo de vida de nossa comunidade. Estamos adquirindo nossa personalidade cultural. Alguns autores chamam esse mecanismo pelo qual somos iniciados no estilo de vida de nossa cultura de *endoculturação*. Endoculturação é, então, esse processo pelo qual todos nós passamos, "interiorizando" um estilo cultural de viver.

Nas culturas chamadas "primitivas" – nas tribos indígenas, por exemplo – devemos notar que existe uma certa *uniformidade* na maneira de ver o mundo. Todos os seus membros participam inteiramente do universo cultural, simbólico, que constitui a comunidade. Quer dizer: há um *saber* comum a todos, que é transmitido de geração a geração, indiscriminadamente. Todos aprendem a caçar, a pescar, a construir suas armas, utensílios, vestimentas; todos aprendem seus mitos, crenças, costumes etc. Todos são mestres de todos. O saber é transmitido indistintamente, através da própria vida do dia a dia.

Já em nosso mundo dito "civilizado" essa uniformidade cultural não existe. Dentro de uma cultura encontramos grupos distintos, que apresentam formas diferentes (e, às vezes, conflitantes) de viver. São as chamadas subculturas. Podemos considerar, numa dada cultura, diversas maneiras de se identificar suas subculturas. Por exemplo: em termos geográficos, etários, econômicos etc.

Vejamos o Brasil. Em termos geográficos, podemos considerar o gaúcho, o carioca e o nordestino como pertencentes a subculturas diferentes; isto é: todos são brasileiros (possuem traços comuns), mas apresentam características próprias de viver. Em termos etários, poderíamos falar na "visão de mundo dos jovens", na "dos adultos", na "dos velhos" etc. E em termos econômicos – como muito bem apontou Marx – dividiríamos nossa sociedade em classes: alta, média e proletariado. Essa divisão socioeconômica já gerou, inclusive, termos como: "cultura de elite" e "cultura popular" (ou "cultura de massas").

Estamos fazendo essa comparação entre as culturas "primitivas" e as "civilizadas" para que compreendamos melhor o processo educacional, que evolui desde a transmissão direta do saber, entre os primitivos, até a criação das escolas, entre os civilizados.

Como foi assinalado, nas culturas primitivas todos participam de seu universo de saber: o acesso ao conhecimento é franqueado a todos; cada um tem consigo a herança cultural da tribo e a transmite às novas gerações. Essa transmissão se dá, na grande maioria das vezes, de maneira "informal", isto é, no contato diário e vivencial entre adultos e crianças. Aprende-se com a experiência. Se recordarmos o que foi dito no capítulo anterior – que somente ocorre a aprendizagem quando os conceitos e símbolos ensinados se referem às experiências vividas – notamos que entre os primitivos o processo de aprendizagem é fluente e natural. "Vivendo e aprendendo", a famosa máxima, aplica-se perfeitamente ao caso.

Contudo, no decorrer do processo civilizatório operaram-se profundas e radicais transformações. O conhecimento foi se ampliando e na sociedade ocorreram divisões entre grupos de indivíduos. Tais divisões – fundamentalmente econômicas, baseadas na propriedade privada – implicaram também uma *divisão social do saber*. Havia que se criar especialistas, pessoas que dominassem um determinado ramo do conhecimento (médicos, artistas, marceneiros, ferreiros etc.), através do qual ganhassem a vida. A sociedade foi se dividindo em castas e classes, e o saber sendo repartido entre elas – de forma desigual, é claro.

Surgiu, então, a figura da *escola* como um local onde é transmitido, às novas gerações, um determinado conhecimento básico – o domínio dos símbolos gráficos, primordialmente – que as habilitaria a melhorar seu desempenho no mercado de trabalho. De início o acesso às instituições escolares foi bastante restrito às classes altas, às classes dominantes, já que o trabalho exercido pelas classes subalternas demandava apenas um "conhecimento prático" do ofício. Lavradores, ferreiros, marceneiros, pedreiros etc. transmitiam diretamente a seus filhos ou aprendizes o seu saber. Ler e escrever, e o consequente domínio "teórico" sobre o mundo, era privilégio das classes dominantes. Observa-se já nesse ponto a separação entre o pensar e o fazer, entre aqueles que têm ideias e aqueles que as executam.

Todavia, com a Revolução Industrial, foi necessário que a escola fosse franqueada cada vez mais também às classes subalternas. Isso porque a criação de técnicas mais sofisticadas de produção industrial exigia um maior conhecimento por parte dos trabalhadores, a fim de que seu desempenho se otimizasse nas indústrias. Ler e escrever torna-se então um fator determinante para o manuseio de máquinas mais sofisticadas e para melhor enquadramento nas modernas organizações.

Principalmente para a classe média que começava a se constituir, ocupando as posições intermediárias no comércio e nas atividades burocráticas, a escola é um fator bastante importante em sua formação.

É claro que o quadro traçado nos parágrafos anteriores é bastante esquemático e simplificado, pois não se pode pretender levantar aqui a história da educação e do surgimento das instituições escolares. Interessa-nos apenas verificar agora algumas características principais da escola em nossos tempos, especialmente da escola brasileira.

Em primeiro lugar é preciso notar que hoje, mais do que nunca, o volume do conhecimento humano é enorme e altamente setorizado e especializado. Com o advento da ciência, que é bastante recente (cerca de 350 anos), houve que se dividir o mundo e a vida em áreas distintas, para um maior domínio e um conhecimento mais acurado. Assim é que surgiram (e a cada dia surgem outras novas) especializações, como: a biologia, a física, a química, a economia, a sociologia, a psicologia etc. A natureza, o homem e a sociedade foram repartidos em fatias, e cada especialista se ocupa de uma delas.

A ciência tornou-se a pedra fundamental no edifício do saber e do agir humanos, e sobre esse conhecimento científico repousam os nossos critérios de "verdade". A verdade científica ocupa hoje o lugar ocupado pela verdade teológica na Idade Média; em geral se acredita apenas nos fatos *cientificamente* comprovados, relegando-se outras formas do conhecimento (arte, filosofia) a um plano inferior. A *racionalidade*, o "saber objetivo", tornou-se o valor básico da moderna sociedade.

Nada mais natural, portanto, que as escolas se orientassem no sentido do conhecimento objetivo, racional da vida. De certa forma, a escola se dirige atualmente à transmissão de conhecimentos tidos como "universais", isto é, válidos para qualquer indivíduo em qualquer parte do mundo. A escola tem como função a comunicação de fórmulas científicas que, espera-se, habilitem o sujeito a conhecer *racionalmente* o mundo e nele operar produtivamente.

Em certo sentido estamos vivendo uma civilização *racionalista*, na qual se pretende separar a razão dos sentimentos e das emoções, encontrando-se na primeira o valor máximo da vida. Ocorre que essa separação é ilusória. Como assinalamos no capítulo anterior, é somente com base nas vivências, no *sentimento das situações*, que o pensamento racional pode se dar. O pensamento busca sempre transformar as experiências em palavras, em símbolos que as signifiquem e representem. A razão é uma operação posterior à vivência (aos sentimentos). Vivenciar (sentir) e pensar estão indissoluvelmente ligados. Comenta Rollo May, um psicólogo norte-americano:

> Mas surgiu uma nova mudança no século XIX. Psicologicamente a "razão" foi separada da "emoção" e da "vontade". Para o homem de fins do século XIX e princípios do XX a razão respondia a qualquer problema, a força de vontade o resolvia e as emoções... bem, estas em geral atrapalhavam e o melhor era recalcá-las. Vemos então a razão (transformada em racionalização intelectualista) ao serviço da compartimentalização da personalidade...

> Quando Spinoza, no século XVII, empregou a palavra razão referia-se a uma atitude em relação à vida, na qual a mente unia as emoções às finalidades éticas e outros aspectos do "homem total". Ao usar hoje esse termo, quase sempre se deixa implícita uma cisão da personalidade. (*O homem à procura de si mesmo*. Petrópolis, Vozes, 1973, p. 42)

Assim, em nosso ambiente escolar, essa separação razão-emoção é não só mantida como estimulada. Dentro de seus muros o aluno deve penetrar despindo-se de toda e qualquer emotividade. Sua vida, suas experiências pessoais não contam. Ele ali está apenas para "adquirir conhecimentos", sendo que "adquirir conhecimentos", nesse caso, significa tão somente "decorar" fórmulas e mais fórmulas, teorias e mais teorias, que estão distantes de sua vida cotidiana. Por isso, pouca aprendizagem realmente ocorre em nossas escolas: somente se aprende quando se parte das *experiências vividas* e sobre elas se desenvolve a aplicação de símbolos e conceitos que as clarifiquem.

A escola, por conseguinte, inicia-nos desde cedo nas técnicas do esquartejamento mental, separando razão e sentimentos. Isso é compreensível segundo a lógica que rege a moderna sociedade industrial: os indivíduos devem *produzir,* num esquema racionalista, sem deixar as emoções e os valores pessoais interferirem no processo.

E para essa sociedade também não interessa a existência de pessoas com uma visão geral, do todo da vida. Pelo contrário: interessam indivíduos com uma visão cada vez mais setorizada, especializada, do mundo. O médico só entende de medicina, o economista de economia, o psicólogo de psicologia e assim por diante. E mais: dentro da medicina, por exemplo, criam-se ainda mais especializações, fracionando o organismo humano – o cardiologista vê apenas o coração, separado do resto do organismo, o oftalmologista os olhos, o dermatologista a pele etc.

O que acontece nas culturas primitivas – uma visão total e abrangente do conhecimento ali produzido pelos indivíduos – perde-se irremediavelmente em nossa civilização. Falta às pessoas uma visão cultural do *todo* em que vivem. Cada um possui conhecimentos parciais, desconexos, sem uma visão de mundo que os integrem num todo significativo. Hoje um homem pode trabalhar numa fábrica de armas, ser membro de uma sociedade de defesa da ecologia, ir a teatros e ser um defensor intransigente da censura, como se tais atividades não fossem contraditórias entre si. Há uma esquizofrenia (em grego literalmente = mente dividida) latente na organização de nosso mundo.

Nesses termos, a escola surge para produzir mão de obra para o mundo moderno. Se este mundo está fracionado, que se eduque os indivíduos fracionadamente. Que se encaminhe desde cedo o cidadão para uma visão parcial da realidade. Que se separe a razão da emoção.

Convém também observar que a visão transmitida pela escola é sempre a visão determinada pelas classes dominantes. Não interessa que as pessoas elaborem a *sua* visão de mundo, com base na realidade concreta em que vivem. Importa, sim, a padronização do pensar, segundo os ditames da lógica de produção industrial. Todos devem ver o mundo da maneira como querem os dominantes, para que a atual situação se mantenha inalterada. Se cada um começasse a formular o seu pensamento de acordo com a sua situação existencial pode ser que descobrisse determinadas verdades que o fizessem lutar pela alteração dessa situação.

Daí o desinteresse da escola pela situação de cada um e a imposição de conceitos desvinculados de situações vividas. Aprende-se que "a família é a unidade harmônica da sociedade", mesmo que a nossa esteja vivendo em total desarmonia. Aprende-se que "o índio e o negro são raças importantes e determinantes na formação do brasileiro", mesmo que, atualmente, eles estejam sendo dizimados e discriminados. Ou ainda, aprende-se que "nos tornamos independentes como Nação em 1822", mesmo que atualmente nossa economia esteja totalmente atrelada e dependente das grandes potências. A lista de "mentiras objetivas" fornecidas pela escola é infindável...

A educação, que deveria significar o auxílio aos indivíduos para que pensem sobre a vida que levam, que deveria permitir uma visão do universo cultural em que estão inseridos, se desvirtua nas escolas. Impõe-se uma visão de mundo e transmite-se conhecimentos desvinculados das experiências de vida. Em suma: preparam-se pessoas para executar um trabalho parcializado e mecânico, no contexto social; pessoas que se preocupem apenas com o seu trabalho (com o seu lucro), sem perceber como ele se liga a todos os outros no interior da sociedade. No fundo isso se constitui mais num *adestramento* do que numa *educação*. É bom que se recorde aqui a famosa frase do escritor irlandês Georges Bernard Shaw: "Minha educação só foi interrompida nos anos em que frequentei a escola".

Resumo das ideias principais

- Nossa postura humana é aprendida através da socialização, que se dá basicamente pela linguagem.
- Adquirimos desde cedo uma personalidade cultural, que é a maneira como a cultura em que estamos vê, sente e interpreta o mundo.
- Nas culturas primitivas a educação se dá com a experiência.
- No mundo civilizado e industrial separam-se as emoções e as experiências da razão e do pensamento.
- A escola mantém e estimula essa separação, pois sua finalidade é preparar mão de obra para a sociedade industrial.
- A escola transmite conceitos desvinculados da vida concreta dos educandos, impondo a visão de mundo das classes dominantes.

4
LINGUAGEM E ARTE

Retomemos o que foi dito com relação à cultura. O homem sempre se agrupou, como forma de sobreviver. Em conjunto, era mais fácil resistir às forças da natureza, e as ações poderiam se dar de maneira cooperativa. A linguagem, dando-lhe a consciência reflexiva, possibilitou também a conjugação das atividades, no esforço de transformar o mundo. Desenvolveram-se então culturas diversas com base em como cada agrupamento humano *interpretava* a realidade e a transformava segundo suas necessidades. Cada cultura apresenta, pois, uma maneira sua, peculiar, de sentir o mundo, e de nele atuar. Cada cultura tem suas construções próprias: sua alimentação, seus costumes, sua religião, arquitetura, política, valores etc.

Um fenômeno comum a todas as culturas – desde as mais "primitivas" às mais "civilizadas", desde as mais antigas às mais atuais – é a *arte*. A arte do homem pré-histórico, inclusive, é tudo o que restou, integralmente, desses nossos antepassados. Qualquer cultura sempre produziu arte, seja em suas formas mais simples, como enfeitar o corpo com tinturas, seja nas formas mais sofisticadas, como o cinema em terceira dimensão, na nossa civilização. A arte nos acompanha desde as cavernas.

Já que notamos essa permanência da arte na vida humana, convém que a analisemos em suas linhas gerais. Ou seja: vamos procurar entendê-la sob o ponto de vista de sua *estrutura* e de sua *função*, para o homem. É provável que, nos seus primórdios, a arte esteve ligada às manifestações religiosas das tribos primitivas. Ambas – arte e religião – constituíam um todo indivisível, que só posteriormente foi partido em dois fenômenos distintos. O esforço humano para ordenar e dar um sentido ao universo encontrou nessa "arte-magia" primitiva um poderoso meio de ação. Através dela a imaginação humana podia se tornar concreta, isto é: a capacidade original do cérebro de produzir imagens se aperfeiçoava, por transformar tais imagens em ações e produtos *gravados* no mundo.

Susanne Langer, uma estudiosa norte-americana, afirma ainda que essa imaginação primitiva – essa produção de imagens mentais – foi o primeiro passo na criação não só da arte, mas também da linguagem. Isso é compreensível na medida em que se percebe que, ao evocar imagens mentais daquilo que havia visto, o homem das cavernas estava, de certa forma, *representando-as*. Imaginemos: o homem vê o bisão na selva, e depois, na caverna, a imagem desse bisão lhe vem à mente. Com isso ele representa, para si próprio, o animal ausente de seu Tempo de visão, no momento. Ao inscrever tal imagem na rocha e ao associar-lhe um determinado som fonético, ele passa a construir *símbolos*, ou seja, determinados sinais que lhe permitem *significar* o objeto ausente. É claro que as coisas não devem ter se passado com essa simplicidade, mesmo porque outros fatores eram intervenientes na situação. Mas aceitemos tal descrição como um *modelo simplificado* das origens do comportamento simbólico humano.

Já assinalamos que o comportamento humano é simbólico; que (principalmente) por meio da palavra o homem cria os seus valores e significações, emprestando um sentido à vida. Convém agora que nos detenhamos um pouco na linguagem humana, para que possamos entender mais precisamente o significado da arte no mundo atual.

Nossa linguagem é um código simbólico. Isso quer dizer que as palavras (símbolos) são *convencionadas* para transmitir um determinado significado. A linguagem é produto de uma *convenção* entre os homens, a fim de que seus símbolos guardem um mesmo sentido para todos que a empregam. Por exemplo: na língua portuguesa, existe um acordo para que as seguintes letras, nessa ordem, CASA, signifiquem um determinado tipo de moradia; em inglês, para o mesmo objeto, convencionou-se a palavra HOUSE, e assim por diante.

Contudo, a linguagem não é uma simples lista de objetos do mundo, um simples agrupamento de símbolos que representem as coisas existentes. Se assim fosse, a quais objetos corresponderiam palavras como: isto, aquilo, porém, antes, todavia, agora, vida, semelhante? A linguagem é mais que um inventário das coisas: é um instrumento de ordenação da vida humana, num contexto espácio-temporal. Por ela, o homem organiza suas percepções, *classificando e relacionando* eventos. Por ela, o homem coloca ordem num amontoado de estímulos (sonoros, luminosos, táteis etc.), de forma a construir um todo significativo.

Através da linguagem o homem relaciona seu *eu* com os eventos do mundo. Com ela, tais eventos são classificados em "classes gerais" (conceitos), e adquirem uma significação (um valor) para a existência.

Feito um carretel, nossa vida se desenrola, do nascimento à morte, num fio contínuo. Há um fluxo vital ininterrupto, um experienciar constante, que perpassa nossa existência. Sobre esse contínuo de nossas experiências é que advêm as palavras, recortando-o em "fatias", cristalizando-o em momentos, significando-o, enfim. Recordem a experiência da montanha-russa, no capítulo sobre Aprendizagem. Ao pensar nela, o indivíduo divide aquilo que foi um vivenciar contínuo, em momentos distintos: aquele em que o estômago lhe pareceu subir e descer, aquele em que a cabeça rodopiou, aquele em que a experiência parecia não mais acabar etc.

As palavras são um "resumo fragmentado" do nosso *sentir* constante. Elas procuram sempre tomar esse sentir e simbolizá-lo. Buscam significá-lo e exprimi-lo.

Já que falamos em *exprimir,* convém então traçarmos uma pequena distinção entre dois conceitos bastante usados: o de *comunicação* e o de *expressão.* Comunicar significa primordialmente transmitir conceitos *o mais explicitamente possível,* com um mínimo de ambiguidades e conotações. O receptor da mensagem deve compreender o significado explícito que o emissor deseja comunicar. Se digo, por exemplo, "a manga está estragada", posso gerar uma dúvida, uma ambiguidade, no ouvinte: será uma fruta ou a parte de uma vestimenta que se estragou? Devo dizer "a manga da camisa está estragada", para que a comunicação se dê num nível ótimo. Comunicar se refere basicamente a transmissão de significados explícitos, reduzindo a um mínimo as conotações.

Quanto à *expressão*, esta diz respeito à *manifestação de sentimentos* (através de diferentes sinais ou signos). Na expressão, não se transmite um significado explícito, mas se *indicam* sensações e sentimentos. A expressão é ambígua e depende da *interpretação* daquele que a percebe. Por exemplo: o choro *exprime* tristeza; ele exprime, mas *não significa* tristeza, pois pode-se chorar também de alegria. Se vejo alguém chorando, o sentido expresso por esse choro (alegria, tristeza, dor etc.) vai depender da interpretação que faço daquela situação. Na expressão, há sempre um maior grau de ambiguidade.

É claro que comunicação e expressão não são dois fenômenos estanques, separados. Toda comunicação carrega em si uma expressão, e vice-versa. Quando se comunica algo, também se expressam certos sentimentos. Usar determinadas palavras e não outras, construir as frases desta ou daquela forma, falar com uma ou outra entonação de voz, tudo isso modula nossa comunicação com determinados sentimentos. O ator, por exemplo, não deve apenas "dizer" as suas falas, mas deve colocar nelas uma carga de expressão referente aos sentimentos do personagem que interpreta.

Por outro lado, com a expressão também comunicamos determinados fatos ou eventos. Um bebê chora, por exemplo, exprimindo seu estado de desprazer. No quarto ao lado, sua mãe o escuta, e é *informada* de que ele necessita de seus cuidados. Aqui houve também uma comunicação. A mãe, todavia, terá que interpretar o choro para saber-lhe as causas, e esse é o lado expressivo da mensagem enviada. Assim, comunicação e expressão são os dois extremos num contínuo, onde se dá o inter-relacionamento humano.

Retomemos o período em que foi dito que as palavras buscam sempre significar e exprimir o nosso *sentir*. É necessário que se clarifique mais esse "sentir".

Como assinalado anteriormente, o processo do conhecimento humano compreende um jogo entre o vivenciar e o simbolizar (as vivências). Entre o que é *sentido* e o que é *pensado*. Chamo de sentir, aí, a nossa apreensão primeira da situação em que estamos. A nossa "primeira impressão" das coisas. Porque a colocação humana no mundo é, primeiramente, emocional, sensitiva; a razão (o pensamento) é uma operação mental posterior. O mundo (e a nossa situação nele) nunca é percebido de forma "neutra", "objetiva", "lógica", mas sim emocional. Inicialmente *sentimos*, depois elaboramos racionalmente os nossos sentimentos.

Segundo John Dewey, "empiricamente as coisas são comoventes, trágicas, belas, cômicas, estabelecidas, perturbadas, confortáveis, desagradáveis, cruas, rudes, consoladoras, esplêndidas, aterrorizantes". [Citado por Rubem Alves, "Notas introdutórias sobre a linguagem", *Reflexão, 4,* (13:31).] Porque o homem nunca as vê como acontecimentos objetivos, e sim como promessas ou ameaças à sua existência.

O *sentimento* é, por conseguinte, a forma primeira, direta, não elaborada, de apreensão do mundo. Usaremos, pois, esse termo em sua acepção mais ampla, que compreende:

- A sensação mais geral de nossa condição, física ou mental (por exemplo: quando dizemos que estamos nos sentindo bem ou mal).
- Sensações físicas específicas (por exemplo: sentir um braço dormente).
- Sensibilidade (por exemplo: ferir os sentimentos de alguém).
- Emoção (por exemplo: sentir-se triste).
- Atitudes emocionais em relação a algo (por exemplo: sentir medo de viajar de avião).

A linguagem procura sempre captar os nossos sentimentos significando-os e classificando-os em conceitos. Porém, feito apanhar um punhado de areia, sempre lhe escapa algo por entre os dedos. A linguagem, que é conceitual e classificatória, apenas aponta e classifica esse sentir, sem, contudo, poder *descrevê-lo*. Ela aponta o seu "isso", sendo impotente para nos mostrar o seu "como". Posso nomear o que sinto: alegria. Mas, como mostrar *em quê* e *como* essa minha alegria é diferente da que senti ontem? Como comparar a minha alegria à sua? Como descrevê-la?

Frequentemente nos valemos de metáforas, de figuras de linguagem, para dar uma ideia dos sentimentos. Quando se vai ao médico, por exemplo, é algo difícil responder-lhe como é a dor que estamos sentindo. E nos utilizamos então das "imagens": "é uma dor que começa fina, como uma agulhada, e depois vai se espalhando feito ondas".

Portanto, a linguagem nomeia, classifica os sentimentos em categorias gerais (alegria, tristeza, raiva, ternura, compaixão etc.), mas não os descreve. Não os mostra em seu desenvolvimento, em seu desenrolar.

Chegamos, finalmente, na porta de entrada para o mundo da arte. Se os símbolos linguísticos são incapazes de nos apresentar integralmente os sentimentos, a arte surge como uma tentativa de fazê-lo. A arte é algo assim como a tentativa de se tirar um instantâneo do sentir. Mais do que um instantâneo: um filme, que procura captá-lo em seus movimentos e variações. De acordo com Susanne Langer, "a arte é a criação de formas perceptivas expressivas do sentimento humano". (*Ensaios filosóficos*. São Paulo, Cultrix, 1971, p. 82.) Vamos aclarar essa definição.

A arte é sempre a criação de uma *forma*. Toda arte se dá através de formas, sejam elas estáticas ou dinâmicas. Como exemplo de formas estáticas temos: o desenho, a pintura, a escultura etc. E como exemplo de dinâmicas: a dança (o corpo descreve formas no espaço), a música (as notas compõem formas sonoras), o cinema etc. Nas artes "dinâmicas", as formas se desenvolvem *no tempo,* ao contrário das "estáticas", cujas formas não variam temporalmente.

Tais formas, em que se apresenta a arte, constituem maneiras de se *exprimir* os sentimentos. Lembremo-nos da distinção feita anteriormente, entre comunicação e expressão. Pois bem: a arte não procura transmitir *significados conceituais,* mas dar expressão ao sentir. E dar expressão de maneira diversa da de um grito, de um gesto, de um choro. Porque a expressão nela está formalmente estabelecida, isto é, está concretizada, lavrada, numa *forma* harmônica. Assim, a arte *concretiza* os sentimentos numa forma, de maneira que possamos percebê-los. As formas da arte como que "representam" os sentimentos humanos.

Contudo, pode-se ser tentado a considerar a arte como um símbolo idêntico aos símbolos linguísticos. Se as palavras significam coisas e eventos, por que não se pensar que a arte *signifique* os sentimentos? Por que não se pensar na arte como uma forma de linguagem, que *transmita significados* (o que é, aliás, uma crença usual)? Essa é uma maneira errônea de se pensar na arte, pois ela não é uma linguagem: não transmite significados conceituais. *Arte não é linguagem*, pelo seguinte motivo principal: porque suas formas não podem ser consideradas símbolos, como são as palavras. A palavra é um símbolo *convencionado* para significar um conceito, uma ideia, uma coisa ou uma relação. A palavra portuguesa CÃO, por exemplo, significa uma determinada espécie de animal. Esse conceito pode, inclusive, ser comunicado por símbolos diversos, em línguas diferentes: "cachorro", "dog", "perro", "chien" etc. O significado dos símbolos linguísticos reside *fora* deles; as palavras são um *meio*, para a comunicação de conceitos. Escrevendo CÃO (em maiúsculas) ou cão (em minúsculas), muda a *forma* do símbolo, mas tal alteração não interfere no significado, no conceito que ele transmite: em ambos os casos o significado é o mesmo.

Na arte, por outro lado, não há convenções explicitamente formuladas. As formas da arte não são propriamente símbolos convencionais. O sentido expresso por uma obra de arte reside *nela mesma*, e não fora, como se ela fosse apenas um suporte para transportar um significado determinado. Não se pode, por exemplo, "traduzir" uma obra de arte em outra, encontrando-lhe "sinônimos", como se faz com a linguagem. Não se pode "traduzir" uma sinfonia em um quadro; nem mesmo "traduzir" uma sinfonia em outra, como se buscássemos um "sinônimo" para a primeira. Isso porque o sentido da arte reside em suas formas, que, se forem alteradas, implicam, consequentemente, uma alteração do seu sentido.

Rubem Alves conta (em *Conversas com quem gosta de ensinar*. São Paulo, Cortez/Autores Associados, 1981, p. 56) um caso ocorrido com Beethoven, que ilustra esse fato. Após executar uma peça sua, numa reunião social, o compositor foi abordado por uma senhora, que lhe inquiriu: "o que o senhor quis dizer com esta música?" Ao que ele respondeu: "isto", e sentou-se ao piano, executando a obra novamente. Ou seja: o sentido de uma obra de arte reside nela mesma, não podendo ser "dito" de outra forma. A pergunta mais inconveniente que se pode fazer a um artista é: "o que você quer dizer com o seu trabalho?". Ora, se o sentido que ele busca expressar pudesse ser *dito,* ele o faria através da linguagem, que é o meio por excelência para a comunicação conceitual.

O artista *não diz* (um significado conceitual), o artista *mostra* (os sentimentos, através de formas harmônicas). O artista procura concretizar, nas formas, aquilo que é inefável, inexprimível pela linguagem conceitual.

Portanto, a arte não é um símbolo verdadeiro, como o são os linguísticos. Ela é *quase* um símbolo, já que *simboliza apenas e tão somente os sentimentos que existem nela própria.* (Por isso, ao referirmo-nos à arte como um Símbolo, grafaremos a inicial em maiúscula, para diferenciá-la de um símbolo verdadeiro.)

Quando se pensa no que dissemos, com relação a obras "abstratas" (na pintura), ou mesmo com relação à música, isso torna-se mais facilmente compreensível. Porém, a afirmação é verdadeira mesmo para aquelas obras com um tema, com um assunto determinado. Por exemplo: pense-se nas mulatas pintadas por Di Cavalcanti. O pintor não está querendo comunicar um conceito, um fato: existem mulatas. Ele está, sim, *exprimindo sentimentos* em relação às mulatas. Ele as está oferecendo, numa determinada *forma*, para que as percebamos no nível dos sentimentos, e não no nível da compreensão lógica, racional, linguística. Ele quer que as *sintamos*, e não que *pensemos* nelas (como um conceito).

A arte, então, não está regida por regras e convenções rígidas, explicitamente formuladas, como a linguagem. Se a arte, de certa forma, Simboliza sentimentos, ela o faz de maneira diversa da simbolização linguística: ela Simboliza apenas e tão somente os sentimentos que existem nela própria, engastados em suas formas. Ela não nos remete a significados conceituais, mas a sentidos do mundo dos sentimentos.

Seus próprios "elementos constituintes" não são elementos discretos, que guardem em si qualquer significação. As notas musicais isoladas, por exemplo, não têm sentido algum. Somente quando arranjadas numa determinada estrutura, numa forma, é que se tornam expressivas. O mesmo se aplica a linhas, pontos, traços e cores, na pintura, e a quaisquer elementos componentes das diversas modalidades artísticas – como os movimentos, na dança, os volumes, na escultura.

Não há, assim, "regras gramaticais" ditando as leis de combinação dos elementos estéticos. Se cada época possui uma certa maneira de se expressar (um certo "estilo"), isso, todavia, não se transforma em *norma*, em *lei*. O artista não se escraviza a códigos e, frequentemente, os artistas inovadores são justamente aqueles que transgridem o estilo preponderante de seu tempo.

Quando dizemos que a arte não é uma linguagem estamos, então, querendo diferenciá-la de nossa linguagem conceitual, discursiva. Estamos querendo demonstrar que sua forma de *exprimir sentidos* é diferente da maneira de *transmitir significados* da linguagem. Pode, contudo, restar uma dúvida, com relação às artes que empregam a palavra como material expressivo. A poesia e a literatura, por exemplo.

Podemos considerar que, na poesia, a linguagem procura, precisamente, alterar sua própria maneira de significar. Procura explorar ao máximo o seu polo expressivo, distanciando-se da simples transmissão de conceitos. Dissemos, linhas atrás, que perante o mundo dos sentimentos procuramos nos exprimir por metáforas, por imagens (como quando contamos nossos sintomas ao médico). E é isto que faz o poeta: cria imagens que, no nível lógico, não possuem significado – elas se dirigem aos sentimentos. O poeta Lêdo Ivo diz: "...o dia é um cão/ que se deita para morrer...". Logicamente isso não faz sentido: o dia não é um cão, muito menos que se deita para morrer. Porém, o verso (a metáfora) ganha sentido ao aproximarmos nossos sentimentos em relação a um dia e em relação a um cão à morte. O sentido da poesia provém dos sentimentos Simbolizados em suas imagens, e não das relações lógicas entre as palavras.

Também na literatura em prosa a linguagem procura o seu lado expressivo. Ali também o escritor quer criar uma expressão de vida, conseguida segundo a *forma* como emprega as palavras. Não se necessita, no interior de uma obra literária, uma plausibilidade, uma lógica, uma "realidade" semelhante à nossa, cotidiana. O sentido do texto é muito mais "vivenciado", "experienciado", durante a leitura, do que decodificado racionalmente.

Assim, segundo Susanne Langer, é incorreto

> ... se deixar induzir ao engano de supor que o autor pretende, por seu uso de palavras, exatamente aquilo que pretendemos com o nosso – informar, comentar, inquirir, confessar, em suma: falar às pessoas. Um romancista, contudo, pretende criar uma expe-

riência virtual, completamente formada e inteiramente expressiva de algo mais fundamental do que qualquer problema "moderno": o sentimento humano, a natureza da vida humana em si. (*Sentimento e forma*. São Paulo, Perspectiva, 1980, p. 300)

A arte, em todas as suas manifestações, é, por conseguinte, uma tentativa de nos colocar diante de formas que concretizem aspectos do sentir humano. Uma tentativa de nos mostrar aquilo que é inefável, ou seja, aquilo que permanece inacessível às redes conceituais de nossa linguagem. As malhas dessa rede são por demais largas para capturar a vida que habita os profundos oceanos de nossos sentimentos. Ali, quem se põem a pescar são os artistas.

Resumo das ideias principais

- A arte é um fenômeno presente em todas as culturas. A linguagem fragmenta o nosso sentir e lhe atribui significados.
- Os conceitos linguísticos, no entanto, são incapazes de exprimir e de descrever os sentimentos.
- A arte é uma tentativa de concretizar, em formas, o mundo dinâmico do "sentir" humano.
- Arte não é linguagem: ela não comunica significados, mas exprime sentidos.
- O sentido expresso na obra de arte é "intraduzível".

5
O ARTISTA E O ESPECTADOR

Utilizamo-nos, no capítulo anterior, da definição de arte proposta por Susanne Langer, que diz ser ela a "criação de formas perceptíveis expressivas do sentimento humano". Ali foi dito que a arte é a concretização, em formas (harmônicas), daquela dimensão humana inalcançável pela linguagem conceitual: o sentimento. Através da arte, os diversos aspectos do nosso sentir são-nos mostrados numa determinada conformação, que se oferece à nossa percepção de maneira mais abrangente que outras espécies de símbolos – como os linguísticos, por exemplo. É preciso então que nos detenhamos um pouco nessas duas vias de acesso à arte: através do artista e através do espectador. Ou seja: na *criação* e na *fruição* das obras de arte.

Iniciemos pelo artista. Porém, antes de se adentrar propriamente na criação artística, vamos traçar algumas considerações a respeito do ato de criação, de maneira geral.

Criar supõe a produção de coisas (sejam objetos ou ideias) até então inexistentes no mundo humano. Supõe um ato em que, basicamente, opera a imaginação, essa capacidade fundamental do homem. Pela imaginação o homem ordena o mundo numa estrutura significativa, já que linguagem e imaginação se desenvolvem conjuntamente. Por ela o homem projeta aquilo que ainda não existe, aquilo que *poderia ser,* como fruto de seu trabalho. Mesmo nos atos mais simples do cotidiano nossa imaginação tem o seu papel. Ao planejar o que farei daqui há instantes – por exemplo: dirigir-me a um restaurante, sentar-me e almoçar – estou imaginando minha ação num tempo futuro, num tempo que virá a ser.

Diz Rubem Alves:

> O que importa é simplesmente constatar que através da imaginação o homem transcende a facticidade bruta da realidade que é imediatamente dada e afirma que o que é não deveria ser, e que o que ainda não é deverá ser. (*O enigma da religião*. Campinas, Papirus, 4ª ed., 1988, p. 47)

Distinto do animal, que está preso ao aqui e agora, o homem, pela imaginação, situa a sua ação num mundo que estende os seus limites para além da imediaticidade do presente e da materialidade das coisas. O homem cria um universo significativo, em seu encontro com o mundo e através da imaginação.

A própria ciência, que pretende ser um conhecimento rigoroso das "coisas como são", é filha direta da imaginação. A criação de normas de objetividade, para que a razão se discipline e não sofra interferências dos valores e das emoções, é um produto da imaginação. Aliás, a ciência surge, nos primórdios do século XVII, quando a imaginação de Galileu leva-o a afirmar: "vamos *supor* que um corpo caia sem sofrer interferências do atrito com o ar". Isto é, *imaginemos* uma coisa *inexistente* em nosso mundo: a queda livre, sem interferências da atmosfera, o movimento contínuo. A imaginação é, portanto, o dado fundamental do universo humano e o motor de todo ato de criação.

Precisamos notar também que em qualquer ato criativo não há apenas uma mobilização da razão, da esfera lógica (que se dá através dos símbolos). Como já se observou, nossa razão, nossos símbolos (linguísticos, matemáticos etc.) estão sempre apoiados em nossas vivências, em nossos sentimentos. Não há "pensamento puro", estritamente lógico: ao pensar, mobilizamos tanto os símbolos como os sentimentos a eles subjacentes. Dessa forma, mesmo nos atos de criação filosófica e científica estão envolvidos os sentimentos humanos – os valores e as emoções.

O ato criativo, inclusive, dá-se muito mais no nível do "sentir" do que do "simbolizar". Melhor dizendo: ao se criar ocorre uma movimentação de nossos sentimentos, que vão sendo confrontados, aproximados, fundidos, para posteriormente serem simbolizados, transformados em formas que se ofereçam à razão, ao pensamento. (Notem que é frequente o fato de nossas palavras não conseguirem acompanhar o ritmo de nossas ideias. Isto é: vão-se articulando ideias que estão no nível do "sentir", para depois elas serem relatadas pelas palavras.)

Diversos autores, que se dedicaram ao estudo do processo criativo humano, chegaram a essa mesma conclusão: o ato de criação é muito mais produto de sentimentos, de intuições, do que de operações puramente lógicas. Karl Popper, um filósofo austríaco, comenta:

> A minha visão do problema pode ser expressa através da afirmação de que cada descoberta contém um "elemento emocional" ou uma "intuição criadora", no sentido de Bergson. Einstein fala de uma forma semelhante acerca da "busca daquelas leis altamente universais... a partir das quais uma visão do mundo pode ser obtida por pura dedução. Não existe um caminho lógico", ele diz, "que conduza a tais leis. Elas só podem ser atingidas por meio da intuição, intuição esta que se baseia em algo semelhante a um *amor intelectual* pelos objetos da experiência". (*The logic of scientific discovery*. Nova York, Harper e Row, 1968, p. 32)

Ainda com respeito à atitude criadora, pode-se afirmar que ela se constitui também num *ato de rebeldia*. Constitui-se num ato de rebeldia na medida em que o criador deve *negar* o estabelecido, o existente, para propor um outro caminho, uma outra forma, enfim, para propor o novo. O novo surge a partir de um descontentamento com relação ao estabelecido. Nesses termos qualquer ato criativo é sempre *subversivo*, pois visa à *alteração*, à *modificação* do existente.

Por isso, assinala Rubem Alves que

> ... a rebeldia é a pressuposição básica de qualquer ato criativo. Ao ordenar e plantar um jardim, nos rebelamos contra a aridez da natureza. Ao lutar contra a enfermidade nos rebelamos contra o sofrimento. Dizemos uma palavra de alento porque nos rebelamos contra a solidão. Aceitamos a perseguição por causa de uma razão

justa porque nos rebelamos contra a opressão e a injustiça. Os animais não podem rebelar-se. Precisamente por isso, tampouco podem ser criadores. Somente o que diz o seu "não" às coisas como são, mostra o desejo de sofrer pela criação do novo. O mundo da cultura seria literalmente impensável se não fosse pelos atos de rebeldia de todos aqueles que fizeram algo para construí-la. (*Hijos del mañana*. Salamanca, Sígueme, 1975, pp. 149-150)

Centremos agora a nossa atenção sobre o ato de criação na arte, sobre o trabalho do artista. Conforme exposto, a obra de arte é a tentativa de se concretizar, em formas harmônicas, os elementos do "sentir" humano. É a tentativa de oferecer tais elementos à nossa percepção, através das formas manipuladas pelo artista. Contudo, é preciso evitar uma confusão. Quando se diz que a arte é a concretização de sentimentos, isso não significa estritamente que o artista, ao construir um objeto estético, esteja *apenas e tão somente exprimindo seus próprios sentimentos*. Não significa que a obra de arte seja um simples "retrato" do "mundo interior" do artista.

Pelo contrário. Sua capacidade expressiva reside justamente em sua sensibilidade para captar os meandros dos sentimentos da *comunidade humana* e exprimi-los em formas Simbólicas. Ao construir um objeto estético (uma obra de arte), o artista projeta nele tudo aquilo que percebe como próprio dos homens de sua época e lugar. Tudo aquilo que constitui o "sentir" dos homens (ou dos grupos de homens), que ele capta e exprime em formas.

É claro que essa captação se dá a partir de seus próprios sentimentos e de sua "visão de mundo". Sua percepção dos sentimentos humanos está sempre, em última análise, baseada em seus próprios sentimentos. Mas afirmar que em sua obra o artista exprime apenas os *seus* sentimentos, é empobrecer o sentido de sua práxis (de seu trabalho). Assim, para Susanne Langer,

> ... ele é um artista não tanto em virtude de seus próprios sentimentos, quanto de seu reconhecimento intuitivo de formas simbólicas do sentimento, e sua tendência a projetar conhecimento emotivo em tais formas objetivas. Ao manipular sua própria criação, ao compor um símbolo de emoção humana, apreende, da realidade perceptiva à sua frente, possibilidades da experiência subjetiva que ele não conhece em sua vida pessoal.
> (*Sentimento e forma*. São Paulo, Perspectiva, 1980, p. 405)

O artista apreende, então, certos estados do "sentir" que perpassam a vida das comunidades humanas. Muitas vezes esses elementos não estão claramente colocados, não sendo mesmo percebidos pelos homens em sua vida cotidiana. E aí surge o artista como um desbravador, como um pioneiro na elucidação e expressão desses sentimentos até então despercebidos. O artista apreende-os e os devolve, em formas artísticas, para que os demais se reconheçam naqueles Símbolos. Nesse sentido é que se pode afirmar, com o poeta Ezra Pound, que os artistas são as antenas da raça. Antenas que captam aqueles sentimentos em que todos estão imersos, sem conseguirem, no entanto, torná-los evidentes.

Esse é, de maneira esquemática, o sentido do trabalho artístico: tornar objetivas (no sentido de concretas) as manifestações subjetivas dos seres humanos, numa dada época e cultura. Mudemos agora a nossa perspectiva, a fim de observar o processo ocorrente no *espectador* da obra de arte. Vamos considerar, então, a *experiência estética*: aquela experiência que temos diante de um quadro, uma música, no cinema, no teatro etc.

Em primeiro lugar, a experiência estética é a *experiência da beleza*. Cotidianamente utilizamos as palavras *belo* e *beleza* sem no entanto atentarmos para as questões que residem por detrás desses termos. Afinal, o que é a beleza que se experimenta na experiência estética? De onde surge ela?

Somos tentados a crer que o belo se encontre *nos objetos* mesmo; isto é: que a beleza é uma *qualidade* que eles possuem (ou não). Se isso fosse verídico, um cientista que estudasse "objetivamente" uma obra de arte, deveria poder isolar e quantificar (medir) nela essa qualidade. Por exemplo: um físico, especialista em sons, pode decompor uma peça musical e estudar as propriedades de suas notas (altura, frequência, intensidade), bem como as relações que elas mantêm entre si. Pode traçar gráficos, fórmulas e equações que representem objetivamente a melodia. A beleza, todavia, como propriedade física da peça, não será encontrada. Se o belo fosse uma propriedade que determinados *objetos* possuem, isso implicaria que qualquer pessoa que os contemplasse devesse considerá-los belos. Mas isso não ocorre: o que para mim é belo, para outro pode não ter beleza alguma.

Dessa maneira, pode-se pensar que a beleza resida exclusivamente em nossa mente. Que ela é gerada em nossa consciência, independentemente dos objetos do mundo. Se tal afirmação fosse verdadeira, o amante da música não mais necessitaria ir a concertos, nem precisaria ouvir discos: para experienciar a beleza bastaria relembrar suas experiências estéticas passadas. Bastaria "produzir" a beleza em sua consciência. O que é um absurdo.

Portanto, o belo não reside nem nos objetos nem na consciência dos sujeitos, mas nasce do encontro dos dois. A beleza se coloca *entre* o homem e o mundo, *entre* a consciência e o objeto. A beleza habita a *relação*. "A beleza é o nome de qualquer coisa que não existe/ Que dou às coisas em troca do agrado que me dão", já disse o poeta Fernando Pessoa, através de seu heterônimo Alberto Caeiro. Nasce então a beleza da *relação* que o homem mantém com o mundo. Porém, surgirá ela de qualquer tipo de relação?

Não. O relacionamento que faz brotar a experiência estética é distinto, por exemplo, do relacionamento *prático* que nossa consciência mantém com as coisas do mundo. Na experiência estética a consciência se coloca de maneira diferente da forma com que se coloca na vida cotidiana. Ordinariamente tendemos a perceber as coisas *com base* nos conceitos forjados pela nossa linguagem. Já dissemos que a linguagem condiciona a maneira como vemos o mundo. De certa forma, percebemos as coisas pelos seus nomes, pelos seus significados (para o homem).

Minha tendência, por exemplo, é sempre ver a grama à minha frente como *verde*, mesmo se, sob determinadas condições de iluminação, ela ganhe um tom azulado. Ou ainda: um pires sobre a mesa eu o vejo como *circular*, mesmo se na realidade, de minha posição, ele apareça como uma elipse. Isto é: os conceitos anteriormente aprendidos (grama = verde, pires = circular) guiam a maneira de se dar minha percepção. "Os olhos de repente são palavras", diz o poeta Pablo Neruda.

O que ocorre na experiência estética, contudo, é que a consciência procura apreender o objeto desvencilhando-se dos laços condicionantes da linguagem conceitual. Nela o homem apreende o mundo de maneira *total,* sem a mediação parcializante dos conceitos linguísticos. Na experiência estética suspendemos nossa "percepção analítica", "racional", para *sentir* mais plenamente o objeto. Deixamos fluir nossa corrente de sentimentos, sem procurar transformá-la em conceitos, em palavras. *Sentimos* o objeto, e não, *pensamos* nele. No momento dessa experiência ocorre como que uma "suspensão" da vida cotidiana, uma "quebra" nas regras da "realidade".

Entramos no cinema e nos sentamos. As luzes se apagam e inicia-se a projeção. De repente estamos envolvidos com uma "outra realidade", que nos faz, momentaneamente, esquecer a nossa. Deixa-se de lado o aluguel atrasado, a conta da luz, a porta que se deve consertar, a certidão que precisa ser providenciada, para se *vivenciar* o filme. Agora estamos *sentindo* a raiva do herói diante dos invasores, *sentindo* o medo da emboscada, a ternura do amor entre mãe e filho. Agora estamos vivendo uma experiência estética – deixamos o cotidiano "em suspenso", e a ele apenas retornaremos ao final da sessão. É claro que, no fundo, não nos abandona a consciência de que somos apenas um espectador sentado no cinema; não perdemos a consciência de nossa individualidade e realidade. Perder essa certeza e confundir-se integralmente com o que está sendo projetado equivaleria à loucura, à esquizofrenia. O cotidiano não está "perdido", mas foi "colocado entre parênteses" – deixou de ser o mais importante, naquele momento.

A experiência da beleza é, então, uma experiência na qual a nossa maneira "racional" de perceber o mundo perde o seu privilégio. E o perde em favor de uma percepção que fala diretamente aos sentimentos. Na vida diária interroga-se o aparecer dos objetos segundo *propósitos práticos*. A intelecção (através da linguagem) orienta nossa percepção em torno das funções dos objetos e de suas relações: a *caneta* serve para *escrever* em um *papel*; no *cinzeiro* colocamos as *cinzas* do *cigarro*. Já na percepção estética não é mais a intelecção o nosso guia. A "verdade" do objeto estético (da obra de arte) reside nele mesmo: não se buscam suas relações com outros objetos nem se pergunta acerca da sua *utilidade*.

Na percepção utilitária o "ser" do objeto reside em suas relações com outros e com atos humanos (caneta-escrever-papel; cinzeiro-cinzas-cigarro). Ao passo que, na percepção estética, o "ser" do objeto é o seu próprio *aparecer*. Ou seja: é a harmonia existente em suas formas. É no próprio sensível, no próprio ato de perceber, que reside o prazer estético: na percepção direta de harmonias e ritmos que guardam, em si, a sua verdade. Por isso alguns autores chamam a percepção estética de "desinteressada": não existem interesses práticos a orientá-la; a verdade do objeto reside em suas formas.

A experiência que a arte nos proporciona é, sem dúvida, prazerosa. E tal prazer provém da vivência da harmonia descoberta entre as formas dinâmicas de nossos sentimentos e as formas do objeto estético. Na experiência estética os meus sentimentos descobrem-se nas formas que lhes são dadas, como eu me descubro no espelho. Meus sentimentos vestem-se com as roupagens harmônicas das formas estéticas. Através dos sentimentos identificamo-nos com o objeto estético, e com ele nos tornamos um.

A obra de arte, assim, não é para ser *pensada*, traduzida em palavras, e sim *sentida*, vivenciada. Porque, como já foi dito anteriormente, sua função não é a de *comunicar significados* (conceituais), mas a de *exprimir sentidos*. Resta-nos considerar, então, a questão dos sentidos expressos pela arte, na experiência estética.

Tais sentidos não são, evidentemente, conceitualizáveis, redutíveis a palavras – não se pode "dizer" qualquer obra de arte, já o notamos. A arte abre-me sempre um campo de sentidos por onde vagueiam os meus sentimentos, encontrando ali novas e múltiplas maneiras de ser. Dissemos que na *comunicação* a linguagem deve "fechar" o mais possível o campo de significados, a fim de que a ideia seja compreendida como o deseja seu emissor. Deve-se dizer "a manga da camisa está estragada", e não "a manga está estragada", para que seja eficaz a comunicação. Ao passo que, na *expressão artística,* sucede o inverso: as ambiguidades e as múltiplas possibilidades de sentido são desejadas. Quanto mais sentidos possibilite uma obra, mais plena ela será.

Diante da obra de arte o espectador deixa os seus sentimentos vibrarem, em consonância com as harmonias e ritmos nela expostos. O espectador encontra, nas formas artísticas, elementos que concretizam – que tornam objetivos, perceptíveis – os seus sentimentos. Notem que dissemos os *seus* sentimentos, e não os do artista que produziu a obra. Isso porque, sendo a arte uma forma de *expressão,* ela depende da *interpretação, do sentido* que o espectador lhe atribui. Como sua função não é transmitir um *significado conceitual* determinado, seu sentido brota dos sentimentos de seu público; ele nasce da maneira como as pessoas a vivenciam.

Por esse motivo Umberto Eco, filósofo italiano, chama a obra de arte de *aberta.* Ela é *aberta* para que o espectador complete o seu sentido; para que ele a vivencie segundo suas próprias peculiaridades, sua própria condição existencial.

Uma obra de arte pode indicar uma determinada direção a meus sentimentos – por exemplo: alegria, tristeza, angústia etc. Porém, a *maneira* de viver tal sentimento (o seu "como") é dada por mim. Diante de um drama, no teatro, todos podem "entristecer-se"; todavia a *qualidade* dessa tristeza é única (e incomunicável) para cada espectador. Cada um a viverá segundo sua situação particular, com os meandros e as minúcias dos sentimentos que lhe são próprios.

O sentido de uma obra de arte é, portanto, aberto. Não se pode tomar o assunto (o tema) da obra como sendo o seu significado. A maneira como esse tema é expresso, a forma como ele é percebido, sentido pelo espectador, é que constitui o campo de sentidos da arte. Na arte se apresentam formas que visam mostrar aquilo que é impossível de ser conceitualizado, impossível de ser significado através das palavras.

A arte é uma chave com a qual abrimos a porta de nossos sentimentos; porta que permanece fechada à nossa linguagem conceitual.

Resumo das ideias principais

- O ato de criação é um ato de rebeldia, que nega o existente para propor o novo.
- Qualquer criação envolve não só conceitos lógicos, mas principalmente elementos dos sentimentos e emoções.
- O artista expressa, em sua obra, os sentimentos que ele capta nas comunidades humanas.
- A beleza não é uma qualidade dos objetos nem um produto da consciência, mas uma forma de relação que o homem mantém com o mundo.
- Na experiência estética experimenta-se o objeto no nível dos sentimentos, sem a mediação conceitual da linguagem.
- O sentido da obra de arte é dado fundamentalmente pelo espectador.

6
FUNDAMENTOS DA ARTE-EDUCAÇÃO

Dissemos que nossas modernas sociedades industriais estão fundadas sobre uma cisão básica da personalidade humana: aquela entre o *sentir* e o *pensar*, entre a *razão* e as *emoções*. A civilização ocidental assentou-se desde logo sobre três postulados, quais sejam:

1. *A primazia da razão* – a razão tem o poder de solucionar qualquer problema, e os únicos problemas reais são aqueles propostos pela ciência.
2. *A primazia do trabalho* – deve-se trabalhar incessantemente para a produção de bens; deve-se orientar nossa ação sempre na direção de fins utilitários.
3. *A natureza infinita* – desenvolvimento significa a produção cada vez maior de produtos manufaturados, acre-

ditando-se que a natureza, de onde são retiradas as matérias-primas, seja inesgotável. (Tais postulados são citados pelo filósofo francês Roger Garaudy, em sua obra: *O ocidente é um acidente: Por um diálogo das civilizações*. Rio de Janeiro, Salamandra, 1978)

Ocorre, porém, que o primeiro desses postulados nos conduz a uma civilização racionalista, isto é, que hipertrofia a razão em detrimento das dimensões básicas da vida: os valores e as emoções. O segundo nos leva a relegar o lúdico (o jogo, o brinquedo) e o estético a posições inferiores; relegá-los a se tornarem meras atividades de lazer, quando se tem tempo para tal. Ao passo que o terceiro gera um sistema de produção que deve se manter em perpétuo crescimento; não se produz para suprir as necessidades humanas, mas, pelo contrário, deve-se criar novas necessidades nos homens, para então vender-lhes os novos produtos.

Muitos são os pensadores que apontam para uma necessidade de reestruturação radical desta civilização, por verem nela o caminho certo para a destruição da vida no planeta. Hipertrofiando a razão gera-se, dialeticamente, um profundo irracionalismo, na medida em que os valores e as emoções não possuem canais para serem expressos e se desenvolverem. Assim, a dança, a festa, a arte, o ritual, são afastados de nosso cotidiano, que vai sendo preenchido apenas com o trabalho utilitário, não criativo, alienante. A forma de expressão das emoções torna-se a violência, o ódio, a ira – somente a violência pode fazer vibrar nossos nervos, enrijecidos pelo trabalho sem sentido. O indivíduo *isolado* torna-se o valor supremo, e cada qual deve lutar contra os outros, em favor de seu progresso e de suas propriedades.

Dentro desse quadro surgem então inúmeras propostas, buscando reatar o homem aos seus valores básicos, espezinhados pelo industrialismo. Propostas que procuram, de uma ou outra forma, iluminar a vida criativa, a imaginação, a beleza. Surge o movimento *hippie*, o "maio de 68" (na França), a busca de culturas e religiões orientais e – por que não? – a busca de alguma transcendência na utilização das drogas.

Mas a revalorização da beleza e da imaginação encontrou, na arte e no brinquedo, dois aliados poderosos. Por que não se educar as novas gerações evitando-se os erros que viemos cometendo? Por que não se entender a educação, ela mesma, como algo lúdico e estético? Por que, em vez de fundá-la na transmissão de conhecimentos apenas racionais, não fundá-la na *criação* de sentidos considerando-se a situação existencial concreta dos educandos? Por que não uma *arte-educação?*

Como é, então, que a arte pode se tornar um instrumento para a formação de um homem mais pleno? Como a arte educa? Eis a questão básica, cuja resposta deve aclarar os propósitos daquilo que chamamos arte-educação.

Sendo a arte a concretização dos sentimentos em formas expressivas ela se constitui num meio de acesso a dimensões humanas não passíveis de simbolização conceitual. A linguagem toma o nosso encontro com o mundo e o fragmenta em conceitos e relações, que se oferecem à razão, ao pensamento. Ao passo que a arte procura reviver em nós esse encontro, esse "primeiro olhar" sobre as coisas, imprimindo-o em formas harmônicas. Pela arte somos levados a conhecer melhor nossas experiências e sentimentos, naquilo que escapam à linearidade da linguagem. Quando, na experiência estética, meus sentimentos entram em consonância (ou são despertados) por aqueles concretizados na obra, minha atenção se focaliza naquilo que *sinto*. A lógica da linguagem é suspensa e eu *vivo* meus sentimentos, sem tentar "traduzi-los" em palavras.

A arte é, por conseguinte, uma maneira de despertar o indivíduo para que este dê maior atenção ao seu próprio processo de sentir. O intelectualismo de nossa civilização – reforçado no ambiente escolar – torna relevante apenas aquilo que é concebido racionalmente, logicamente. Deve-se aprender aqueles conceitos já "prontos", "objetivos", que a escola veicula a todos, indistintamente, sem levar em conta as características existenciais de cada um. Nesse processo, os educandos não têm oportunidade de elaborar sua "visão de mundo", com base em suas próprias percepções e sentimentos. Através da arte pode-se, então, despertar a atenção de cada um para sua maneira particular de sentir, sobre a qual se elaboram todos os outros processos racionais.

Encontrando nas formas artísticas Simbolizações para os seus sentimentos, os indivíduos ampliam o seu conhecimento de si próprios através da descoberta dos padrões e da natureza de seu sentir.

Por outro lado, a arte não possibilita apenas um meio de acesso ao mundo dos sentimentos, mas também o seu desenvolvimento, a sua educação. Como, então, podem ser educados e desenvolvidos os sentimentos? Da mesma forma que o pensamento lógico, racional, se aprimora com a utilização constante de símbolos lógicos (linguísticos, matemáticos etc.), os sentimentos se refinam pela convivência com os Símbolos da arte. O contato com obras de arte conduz à familiaridade com os Símbolos do sentimento, propiciando o seu aprimoramento. Como diz Susanne Langer:

O treinamento artístico é, portanto, a educação do sentimento, da mesma maneira como nossa educação escolar normal em matérias fatuais e habilidades lógicas, tais como o "cálculo" matemático ou a simples argumentação..., é a educação do pensamento. Poucas pessoas percebem que a verdadeira educação da emoção não é o "condicionamento" efetuado pela aprovação e desaprovação social, mas o contato tácito, pessoal, iluminador, com símbolos de sentimento. (*Ensaios filosóficos*. São Paulo, Cultrix, 1971, p. 90)

Educar os sentimentos, as emoções, não significa reprimi-los para que se mostrem apenas naqueles (poucos) momentos em que nosso "mundo de negócios" lhes permite. Antes, significa estimulá-los a se expressar, a vibrar diante de Símbolos que lhes sejam significativos. Conhecer as próprias emoções e ver nelas os fundamentos de nosso próprio "eu" é a tarefa básica que toda escola deveria propor, se elas não estivessem voltadas somente para a preparação de mão de obra para a sociedade industrial.

A arte é ainda um fator de agilização de nossa imaginação, pois na experiência estética a imaginação amplia os limites que lhe impõe cotidianamente a intelecção. Já observamos que na "vida prática" nosso intelecto guia a percepção em torno das relações práticas e funcionais já estabelecidas; pouco espaço nos resta para o "sonho", a "fantasia". E isso é também reforçado pelo ambiente escolar, na medida em que as respostas ali já estão prontas, restando ao educando apenas a sua assimilação. Na escola não se cria, mas se reproduz aquilo que já existe.

Ora, a arte se constitui num estímulo permanente para que nossa imaginação flutue e crie mundos possíveis, novas possibilidades de ser e sentir-se. Pela arte a imaginação é convidada a atuar, rompendo o estreito espaço que o cotidiano lhe reserva. A imaginação é algo proibido em nossa civilização racionalista, que pretendeu bani-la do próprio campo das ciências, por ver nela uma fonte de erros no processo de conhecimento da "realidade". Devemos nos adaptar às "coisas como são", à "realidade" da vida, sem perdermos o nosso tempo com sonhos e visões utópicas.

Contudo, são os nossos sonhos e projetos que movem o mundo. É aquilo que ainda não tenho, que ainda não consegui, que me faz ir à luta; que me faz trabalhar para alterar a "realidade". Preso às coisas "como são" o homem seria idêntico aos animais, que se adaptam ao meio, sem utopias e projetos transformadores. De onde se conclui que a utopia, antes de ser a mera fantasia de loucos e poetas, é um fator fundamental na construção do mundo humano. Através de visões utópicas o homem desperta para outras realidades possíveis, diversas daquelas em que ele está inserido.

Ao propor novas "realidades possíveis", a arte permite que, além de se despertar para sentidos diferentes, se perceba ainda o quão distante se encontra nossa sociedade de um estado mais equilibrado, lúdico e estético. A utopia é também uma forma de tomarmos consciência do que existe atualmente, de tomarmos consciência do atual estado do mundo humano. Afinal, as visões de pessoas como Jesus (ao propor sua *ordo amoris*) ou de Marx (ao propor sua "sociedade sem classes"), são utopias que devem conduzir a uma transformação do presente, para um futuro melhor. Pois, segundo o poeta francês Lamartine, "as utopias são verdades prematuras". Pela sua vertente utópica, a arte se constitui, então, num elemento pedagógico fundamental ao homem.

Pela arte somos ainda levados a conhecer aquilo que não temos oportunidade de experienciar em nossa vida cotidiana. E isso é básico para que se possa compreender as experiências vividas por outros homens. Quando, no cinema, *sinto* as emoções do alpinista, quando, no teatro, *sinto* o drama do preso político, quando diante das telas de Portinari, *sinto* a tragédia dos retirantes, descubro meus sentimentos perante a situações (ainda) não vividas por mim, que não me são acessíveis em meu dia a dia. Assim, a arte pode possibilitar o acesso dos sentimentos a situações distantes do nosso cotidiano, forjando em nós as bases para que se possa compreendê-las.

Nas palavras do filósofo alemão Ernst Fischer:

> O desejo do homem de se desenvolver e completar indica que ele é mais que um indivíduo. Sente que só pode atingir a plenitude que potencialmente lhe concernem, que poderiam ser dele. E o que o homem sente como potencialmente seu inclui tudo aquilo de que a humanidade, como um todo, é capaz. A arte é o meio indispensável para esta união do indivíduo com o todo; reflete a infinita capacidade humana para a associação, para a circulação de experiências e idéias. (*A necessidade da arte*. Rio de Janeiro, Zahar, 1976, p. 13)

O processo do conhecimento, já o notamos, articula-se entre aquilo que é vivido (sentido) e o que é simbolizado (pensado). Ao possibilitar-nos o acesso a outras situações e experiências, pela via do sentimento, a arte constrói em nós as bases para uma compreensão maior de tais situações. Porque a simples transmissão de conceitos verbais, que não se ligam de forma alguma aos sentimentos dos indivíduos, não é garantia de que um processo de real aprendizagem ocorra. Ao ditado popular "o que os olhos não veem o coração não sente", poder-se-ia então acrescentar: "e a cabeça não apreende". Permitir (através da arte) uma maior vivência dos sentimentos é, dessa forma, abranger o processo da aprendizagem como um todo, e não apenas em sua dimensão simbólica, verbosa, palavresca, como insiste em fazer a escola tradicional.

Há que se considerar também os aspectos socioculturais da educação proporcionada pela arte, pois ela está sempre situada num contexto histórico e cultural. Por ela as culturas exprimem o seu "sentimento da época", isto é, a forma como sentem a sua realidade, num dado momento. Aquilo que chamamos de "personalidade cultural", encontra na arte um meio poderoso para se expressar e se tornar objetivo. O chamado "estilo" de um dado período histórico (por exemplo, o barroco, o neoclássico, o impressionismo) nada mais é do que a utilização de determinadas formas de expressão, ou de determinados códigos, pautados nesse "sentimento da época".

As diversas modalidades do significado, ou os diversos campos do conhecimento – científico, filosófico, religioso, estético – mesclam-se na constituição do estilo que é vivido pelos indivíduos. E esse estilo encontra na arte a sua expressão plena.

Assim, mantendo-se em contato com a produção artística de seu tempo e sua cultura, o indivíduo vivencia o "sentimento da época", ou seja, participa daquela forma de sentir que é comum a seus contemporâneos. Como em nossa civilização existe uma avalancha de significados, de conhecimentos, é dificílimo conseguir-se uma visão do todo cultural em que estamos. A arte pode, então, vir a fornecer as bases (no nível do sentimento) para que essa visão seja conseguida.

Conhecendo a arte de meu tempo e cultura, adquiro fundamentos que me permitem uma concomitante compreensão do sentido da vida que é vivida aqui e agora. E mais: conhecendo a arte pretérita da cultura em que vivo, posso vir a compreender as transformações operadas no seu modo de sentir e entender a vida ao longo da história, até os meus dias.

Em termos interculturais a arte também apresenta um importante elemento pedagógico. Na medida em que nos seja dado experienciar a produção artística de outras culturas, torna-se mais fácil a compreensão dos sentidos dados à vida por essas culturas estrangeiras. Através da arte se participa dos elementos do sentimento que fundam a cultura alienígena em questão, o que é o primeiro passo para que se interprete as suas mensagens e significações. Há uma certa universalidade nos Símbolos artísticos, que permitem que as barreiras impostas pelas línguas diferentes sejam derrubadas.

Dissemos que há *uma certa* universalidade em tais Símbolos porque, não se pode esquecer, também eles são forjados *a partir* de vivências culturais próprias, e nem sempre são acessíveis a outras culturas. Por exemplo: para o ouvido ocidental é algo difícil apreender e sentir os padrões musicais do oriente (estabelecidos sobre escalas e harmonias diferentes), já que os nossos sentimentos, em termos musicais, foram *educados* sob estruturas radicalmente distintas. É difícil para os nossos sentimentos encontrarem, na música tipicamente oriental, Símbolos que lhes sejam expressivos. Contudo, como existe uma certa correspondência entre os Símbolos estéticos das diversas culturas, eles se tornam um excelente meio de acesso à "visão de mundo" de outros povos.

Porém, esse fato funciona como uma faca de dois gumes. Pois, através da arte, a moderna civilização industrial (especialmente com relação aos países hegemônicos) tem penetrado em diferentes culturas com o intuito de amoldar-lhes os sentimentos. E isso com a finalidade de condicionar e formar novos mercados para os seus produtos, para a sua dominação econômica. Quando um povo abandona os seus padrões estéticos em favor de padrões estrangeiros – brotados de condições diversas de vida –, deixa de sentir com clareza. Perde-se em Símbolos que não lhe são totalmente expressivos, acabando por produzir uma arte amorfa, inexpressiva e sem vida.

É necessário cuidado quando se manipula, em termos educacionais, as artes produzidas por outros povos. Porque mais do que agentes educacionais, podemos estar nos tornando agentes invasores: instrumentos de dominação a serviço de prioridades econômicas estrangeiras. Fundamental, então, se torna a estimulação em torno de nossos próprios padrões estéticos. Especialmente o folclore, que é a expressão brotada das mais profundas raízes culturais de um povo, deve ser conhecido. Conhecer o nosso folclore é ir buscar, lá onde o povo enfrenta a luta pela sua vida, os sentimentos de nossa cultura. Relegá-lo a planos inferiores, classificá-lo de "arte menor" ou "coisa de incultos", é fazer o jogo da dominação e destruição cultural.

Apontamos assim alguns dos elementos educativos contidos no bojo da expressão artística. Estes são os fundamentos filosóficos que embasam a utilização da arte como veículo educacional. É preciso que se entenda, então, o que afirmamos nas primeiras páginas: que arte-educação não significa o treino para alguém se tornar um artista. Ela pretende ser uma maneira mais ampla de se abordar o fenômeno educacional considerando-o não apenas como transmissão simbólica de conhecimentos, mas como um processo formativo do humano. Um processo que envolve a *criação* de um sentido para a vida, e que emerge desde os nossos sentimentos peculiares.

A escola hoje se caracteriza pela imposição de verdades já prontas, às quais os educandos devem se submeter. Não há ali um espaço para que cada um elabore a sua visão de mundo, a partir de sua situação existencial. A escola ensina respostas. Respostas que, na maioria dos casos, não correspondem às perguntas e às inquietações de cada um. As verdadeiras dúvidas dos alunos não chegam sequer a ser colocadas, pois o professor já sabe o que todos devem ou não saber, antecipadamente. Reproduz-se a cisão da personalidade, presente em nossa civilização: cria-se um "mundo teórico, abstrato", que serve apenas para fazer provas e "passar de ano", e que não se articula à vida vivida dos estudantes. Há um fosso profundo entre o que se fala e o que se faz. Entre a teoria e a prática.

Pela arte, no entanto, o indivíduo pode expressar aquilo que o inquieta e o preocupa. Por ela, este pode elaborar seus sentimentos, para que haja uma evolução mais integrada entre o conhecimento simbólico e seu próprio "eu". A arte coloca-o frente a frente com a questão da criação: a criação de um sentido pessoal que oriente sua ação no mundo.

Por isso, na arte-educação, o que importa não é o produto final obtido; não é a produção de boas obras de arte. Antes, a atenção deve recair sobre o *processo de criação*. O processo pelo qual o educando deve elaborar seus próprios sentidos em relação ao mundo à sua volta. A finalidade da arte-educação deve ser, sempre, o desenvolvimento de uma *consciência estética*.

E consciência estética, aí, significa muito mais do que a simples apreciação da arte. Ela compreende justamente uma atitude mais harmoniosa e equilibrada perante o mundo, em que os sentimentos, a imaginação e a razão se integram; em que os sentidos e valores dados à vida são assumidos no agir cotidiano. Compreende uma atitude em que não existe "distância entre intenção e gesto", segundo o verso de Chico Buarque e Ruy Guerra. Em nossa atual civilização (antiestética por excelência), consciência estética significa uma *capacidade de escolha,* uma *capacidade crítica* para não apenas se submeter à imposição de valores e sentidos, mas para selecioná-los e recriá-los segundo nossa situação existencial.

Segundo Lowenfeld e Brittain, dois arte-educadores norte-americanos,

> ... o que é necessário ao desenvolvimento da consciência estética não é a apreciação de determinado quadro ou objeto, nem, necessariamente, o ensino de certos valores adultos ou de um vocabulário para descrever obras de arte. A consciência estética será mais bem ensinada através do aumento da conscientização pela criança do seu próprio eu e de maior sensibilidade ao próprio meio. (*Desenvolvimento da capacidade criadora.* São Paulo, Mestre Jou, 1977, p. 397)

Arte-educação não deve significar, finalmente, a mera inclusão da "educação artística" nos currículos escolares. Porque, em se mantendo a atual estrutura (compartimentada e racionalista) de nossas escolas, a arte ali se torna apenas uma disciplina a mais entre tantas outras. O que está em jogo é a própria estrutura escolar, em que a educação – entendida como uma atividade lúdica, fundada na *relação* e no *diálogo* – foi transformada em ensino: um despejar de respostas pré-fabricadas a questões percebidas como absolutamente irrelevantes pelos educandos.

A educação é, por certo, uma atividade profundamente estética e criadora em si própria. Ela tem o sentido do jogo, do brinquedo, em que nos envolvemos prazerosamente em busca de uma harmonia. Na educação joga-se com a construção do sentido – do sentido que deve fundamentar nossa compreensão do mundo e da vida que nele vivemos. No espaço educacional comprometemo-nos com nossa "visão de mundo", com nossa palavra. Estamos ali *em pessoa* – uma pessoa que tem seus pontos de vista, suas opiniões, desejos e paixões. Não somos apenas veículos para a transmissão de ideias de terceiros: repetidores de opiniões alheias, neutros e objetivos. A relação educacional é, sobretudo, uma relação de pessoa a pessoa, humana e envolvente.

Ocorre, porém, que essa relação educacional teve de ser *racionalizada* por exigência da moderna organização industrial. O educador se transformou em professor: um funcionário que deve tornar o seu trabalho objetivo e racional. Criaram-se os meios de controle e gerenciamento da atividade educativa: disciplinas, currículos, cargas-horárias, controle de presenças etc. Já não devemos dizer a *nossa palavra*; somos apenas peças na maquinaria escolar. Devemos nos adaptar à instituição, mesmo que, para tanto, deixemos de ser educadores e nos tornemos reprodutores de fórmulas prontas.

Este, o conflito em que estamos metidos até a alma. Como realizar uma educação de maneira lúdica e estética em instituições fundadas sobre o utilitarismo? Como ser um educador quando o que se exige é um professor-burocrata? Como realizar uma verdadeira arte-educação? Confesso não ter receitas para solucionar a questão. Apenas acredito na luta. Na luta incessante que se trava no interior da escola, diante dos alunos, para que se rompa o modelo impositivo e autoritário criado. Creio na luta que derrube o totalitarismo implantado nas instituições educacionais: tudo já está pré-decidido, desde os monstruosos currículos até a forma de se ministrar as aulas. Creio na liberdade de expressão, garantida a todos: mestres e discípulos. Porque arte-educação, no fundo, nada mais é do que o estímulo para que cada um exprima aquilo que sente e percebe. Com base nessa expressão pessoal, própria, é que se pode vir a aprender qualquer tipo de conhecimento construído por outros.

Seria interessante terminarmos com uma citação de Herbert Read, o pensador inglês que deu as primeiras diretrizes à arte-educação. Disse ele, em 1943, quando propôs a sua *educação através da arte*:

> Deve compreender-se desde o começo que o que tenho presente não é simplesmente a "educação artística" como tal, que deveria denominar-se mais apropriadamente educação visual ou plástica: a teoria que enunciarei abarca todos os modos de expressão individual, literária e poética (verbal) não menos que musical ou auditiva, e forma um enfoque integral da realidade que deveria denominar-se educação *estética*, a educação desses sentidos sobre os quais se fundam a consciência e, em última instância, a inteligência e o juízo do indivíduo humano. Somente na medida em que esses sentidos estabelecem uma relação harmoniosa e habitual com o mundo exterior, se constrói uma personalidade integrada. (*Educación por el arte*. Buenos Aires, Paidós, 1977, p. 33)

Nossa personalidade foi desintegrada; na explosão da sociedade industrial foi reduzida a cacos desconexos. A arte-educação é apenas uma (pequena) maneira de tentar colar os pedaços das novas gerações. Uma utopia? Talvez. Mas há que se manter aceso o sonho, para que se saiba aonde se quer chegar.

Resumo das ideias principais

- A civilização industrial se funda na primazia da razão e do trabalho e no mito da natureza infinita.
- A arte permite dirigir nossa atenção aos sentimentos e ainda contribui para o seu refinamento.

- A arte mantém acesa a imaginação e a utopia – um projeto de futuro.
- A arte permite um contato direto com os sentimentos de nossa e de outras culturas.
- Arte-educação não significa apenas a inclusão da arte nos currículos escolares.
- Arte-educação tem a ver com um modelo educacional fundado na construção de um sentido pessoal para a vida, que seja próprio de cada educando.

7
A ARTE-EDUCAÇÃO ENTRE NÓS

Resta-nos agora tentar levantar algumas questões concernentes ao emprego da arte no ensino brasileiro. Apesar de algumas experiências pioneiras nesse setor – como a "Escolinha da Arte" fundada em 1948, no Rio de Janeiro, por Augusto Rodrigues –, no ensino oficial a arte continua relegada a segundo ou terceiro plano.

Historicamente sempre tivemos aqui a educação do colonizador, isto é, aquela que despreza as condições específicas da terra e procura impor a visão de mundo que interessa às minorias dominantes. Nosso projeto educacional esteve, desde o início, voltado à inculcação de valores pragmáticos; de valores que tinham a ver apenas com a produção de bens de consumo. Copiávamos (e copiamos) modelos de "desenvolvimento" baseados em experiências de outras culturas e que, ao serem transplantados para cá, sofrem sérias distorções, gerando verdadeiros descalabros, especialmente educacionais.

Nesse sentido a arte sempre foi vista como "artigo de luxo", como um "acessório" cultural: coisa de desocupados. O verdadeiro ensino da arte foi reservado às horas de ócio das classes superiores, dando-se apenas nos "conservatórios" e "academias" particulares. Na escola oficial a arte sempre entrou pela porta dos fundos e, ainda assim, de maneira disfarçada. Teve ela de se disfarçar tanto que se tornou descaracterizada e deixou de ser arte. Virou tudo: desenho geométrico, artes manuais, artes industriais, artes domésticas, fanfarras etc. Tudo, menos arte.

Isso porque o fim último de nosso ensino sempre foi a produção de mão de obra; o adestramento do indivíduo para o exercício de uma profissão (técnica) lá fora, no mercado de trabalho. Nunca tivemos, por aqui, uma educação humanista, pois ela não interessa ao modelo industrialista de desenvolvimento adotado por nós. A escola sempre foi vista como uma linha de produção em que se fabricam indivíduos mecanicamente adaptados às exigências do industrialismo.

Em 1971 promulgou-se a (tristemente) famosa Lei 5.692/71, que, verticalmente, pretendia "modernizar" o nosso ensino. O seu objetivo último sempre foi – não se pode negar – a eliminação de qualquer criticidade e criatividade no seio da escola, como a concomitante produção de pessoal técnico para as grandes empresas. As grandes empresas que, com as benesses oficiais, vinham de todo canto do mundo para aqui se instalarem (um paraíso para elas, já que não havia greves, sindicatos, reivindicações etc.). Havia que se preparar, desde os níveis mais elementares, um pessoal que, não tendo uma visão totalizante e crítica da cultura em que estavam, trabalhassem sem causar grandes problemas. Foi criado então, sem qualquer infraestrutura, o ensino profissionalizante.

Porém, para ocultar um pouco o seu caráter domesticador, a Lei 5.692/71 trouxe no seu bojo algumas novidades, como a instituição da educação artística. Antes dela tínhamos na escola algumas disciplinas que possuíam o termo "arte" em seu nome. É o caso das "artes industriais", em que se aprendia a fabricar objetos "úteis"; ou das "artes domésticas", nas quais se aprendia a cozinhar, a bordar etc. Ou ainda as aulas de música (às vezes denominadas "canto orfeônico"), em que o aluno cantava, com o acompanhamento do mestre, os hinos do País. Mas, com a Lei, a arte-educação foi "oficializada" nas escolas – ao lado da profissionalização pragmática.

No entanto, se mesmo a parte técnica dos novos currículos não pôde ser satisfatoriamente implantada (devido à absoluta ausência de uma infraestrutura econômica e humana), menos ainda puderam ser os parcos horários destinados à arte. Funcionando muitas vezes em precárias instalações, a escola brasileira não dispõe, em primeiro lugar, de condições para abrigar um espaço apropriado ao trabalho com a arte. (Conheço escolas onde os alunos sentam-se em cadeiras comuns e são alfabetizados com uma tábua sobre o colo, onde apoiam os cadernos.) Organizada ainda de maneira formal e burocrática, onde o que importa são as "disciplinas sérias", a estrutura escolar relegou a educação artística a se tornar uma disciplina a mais dentro dos currículos tecnicistas, com uma pequena carga-horária semanal (em geral duas horas/aula).

A arte continua a ser encarada, no interior da própria escola, como um mero lazer, uma distração entre as atividades "úteis" das demais disciplinas. O próprio professor de arte é visto como "pau pra toda obra", como um "quebra-galho". Frequentemente ele é obrigado a ceder suas aulas para "aulas de reposição" de outras disciplinas, quando não lhe é delegada a incumbência de "decorar" a escola e os "carros-alegóricos" para as festividades cívicas. Nesse sentido faz-se totalmente inócua a disciplina "educação artística", já que toda a estrutura física, burocrática e ideológica da escola está organizada na direção da imposição e do cerceamento da criatividade.

Com a implantação da Lei 5.692/71 multiplicaram-se os cursos de formação para o arte-educador. Mas, apesar de já existirem pessoas diplomadas na área, ainda muitos leigos vêm ocupando o cargo de professor de arte. Quer dizer: o próprio Estado dá um jeito de burlar a legislação em vigor, criada por ele mesmo (o que diz muito, a favor de minha tese de que a "educação artística", nos currículos, é "só pra disfarçar").

Outro grave problema é que, pela legislação em vigor, a "educação artística" compreende as áreas de música, teatro e artes plásticas. Ocorre, porém, que é impossível formar-se um professor que domine integralmente as três áreas, e isso gera deficiências no trabalho efetivamente desenvolvido. O ideal seria, certamente, a constituição de uma equipe de professores em que cada um se responsabilizasse por uma área específica. Ideal talvez impraticável, a continuar o total abandono da educação em que estamos, em termos de verbas oficiais.

Todo esse quadro de desvirtuamento da arte-educação que pincelamos nas linhas anteriores acaba por gerar situações sumamente perniciosas. Como, por exemplo, a entrega de desenhos e contornos já prontos para o aluno colorir ou recortar. Nessa atividade esconde-se uma sutil imposição de valores e sentidos. A mensagem subliminar que ela encerra, e que é transmitida ao aluno é: "você é incapaz de desenhar por si próprio, de criar qualquer coisa; você deve se restringir aos limites impostos pelos mais capazes". A esse respeito, comentam Lowenfeld e Brittain:

> Expor uma aprendizagem artística que inclua tais tipos de atividades é pior do que não dar aprendizagem alguma. São atividades pré-solucionadas que obrigam as crianças a um comportamento imitativo e inibem sua própria expressão criadora; esses trabalhos não estimulam o desenvolvimento emocional, visto que qualquer variação produzida pela criança só pode ser um equívoco; não incentivam as aptidões, porquanto estas se desenvolvem a partir da expressão pessoal. Pelo contrário, apenas servem para condicionar a criança, levando-a a aceitar, como arte, os conceitos adultos, uma arte que é incapaz de produzir sozinha e que, portanto, frustra seus próprios impulsos criadores. (*Desenvolvimento da capacidade criadora*, p. 71)

E ainda é comum encontrar-se, nas aulas de arte, a proposta de confecção de presentes para o "dia dos pais", "das mães", "das crianças" etc. Além de, em geral, serem "presentes" pré-fabricados, que o aluno deve recortar, colar e colorir, reforça-se a atitude consumista presente entre nós. Transmite-se, sem questionamentos, uma ideologia de consumo que instituiu semelhantes datas com fins estritamente lucrativos. E o que é pior: impõe-se tais valores mesmo às crianças oriundas de classes sociais extremamente carentes, levando-as a assimilar modelos que ocultam suas reais condições de vida. Lembremo-nos: arte-educação significa expressar os sentimentos e sentidos oriundos da vida concretamente vivida, e não a imitação dos valores alheios.

Uma outra atitude perniciosa, também encontrada frequentemente, é a avaliação do estudante (por notas ou conceitos) em relação à sua "produção"artística. Essa atitude é muito semelhante àquela de se promover concursos de arte infantil. Nesses concursos a escolha do "melhor" trabalho é feita sempre considerando-se valores e padrões adultos que nada significam (em termos estéticos) para a criança. As crianças "não premiadas" quase sempre se sentem rejeitadas e passam a tentar imitar e copiar as obras premiadas, com o intuito de agradar os adultos. Isto é: deixam de lado a sua expressão pessoal em favor de padrões exteriores a elas.

Como já afirmamos, na arte-educação não importam tanto os produtos finais quanto o processo de criação e expressão. Mas parece que os professores ainda insistem na sua visão utilitarista do mundo: valorizando o objeto produzido. E o que é pior: valorizando-o em termos de *seus* padrões de beleza, que não têm a mínima significação para a criança.

É interessante notar-se também que tais "padrões de beleza", hoje, têm muito a ver com a massificação produzida pela televisão entre nós. Porque, de repente, o país viu-se invadido pelos padrões estéticos veiculados através da televisão, que partem quase que exclusivamente dos centros economicamente mais desenvolvidos. Se o acesso de grande parte da população a atividades culturais (cinema, teatros, concertos, exposições etc.) já era escasso, com a televisão (um meio mais barato de lazer) ele se tornou ínfimo. Assim é que a televisão, penetrando nos mais recônditos cantos da nação, afastou as pessoas das manifestações artísticas populares e regionais. Impôs-lhes conceitos de beleza que se chocavam com aqueles nascidos de suas vivências concretas. Abriu-se mão, então, das tradições culturais em favor do "moderno" que é veiculado na pequena tela. (*Bye bye Brasil*, filme de Carlos Diegues, é um excelente retrato desse processo.)

Ora, isso fez com que os próprios professores de arte também aspirassem àquele fantástico mundo de plumas e brilhos, de acrílico e luzes. Aquilo sim é que é beleza! Todos, então, devem produzir arte em conformidade com os padrões televisados, que passaram a ser critérios norteadores da avaliação artística. É bastante comum, no interior de nossas escolas, o trabalho com a arte ser pautado nos programas de TV. Vai-se montar uma pequena peça? Por que não decalcá-la na "novela das oito"? Vai-se dançar? Por que não como as bailarinas que abrem aquele outro programa? E assim por diante...

O resultado disso é o abandono de padrões pessoais e regionais de expressão. É o nivelamento cultural por baixo. É a imposição de uma forma de expressão "importada", que pouco tem a ver com as paixões e os desejos de cada um. É como vestir uma roupa de gala dois números além do nosso: na ilusão de estarmos bem-vestidos não percebemos o ridículo de nossa figura. (Pode parecer incrível, mas já vi uma festa junina, numa escola infantil, ser animada pelo "som discoteque".)

É necessário se recuperar, no interior das escolas, a *expressão pessoal* – tanto por parte dos alunos quanto dos professores. Tornamo-nos um país com medo: medo da divergência dos padrões oficiais impostos. Assim, é mais "seguro" repetir fórmulas e conceitos "objetivos"; é mais "seguro" ser estritamente "científico" e "neutro", pois evitamos o comprometimento com nossa própria palavra, com nossos próprios valores. Temos cada vez mais corrido atrás de novidades pedagógicas em termos de técnicas: dinâmica de grupo, audiovisuais, avaliações objetivas etc., sem, no entanto, preocuparmo-nos com os *fins* da educação. Sem discutirmos o *que*, *como* e *por que* ensinar. Substituímos a opinião pessoal por um palavrório oco e inautêntico, que tomamos dos livros-textos e o repetimos infinitamente, maçantemente.

Se nas disciplinas técnicas essa postura de não comprometimento, de "neutralidade", já é uma distorção da relação educacional, o que dizer da educação artística, cujo fim deveria ser justamente a expressão dos sentidos pessoais? A imitação e o adestramento atingem aí, as raias do delírio, pois o que importa, para muitos professores, é o aluno seguir o modelo dado por eles. É copiar a "arte" proposta pelo mestre: fazer um desenho igual ao que está na lousa, pintar a figura mimeografada, recortar os contornos já traçados, escrever um poema baseado em outro dado etc.

Não quero pintar aqui um quadro extremamente sombrio da arte-educação entre nós, pois creio que muitos vêm lutando para alterar essa (des)ordem de coisas. Vêm lutando para transformar não só a educação artística, mas o próprio modelo de ensino a que estamos submetidos. Mas é preciso, sempre e sempre, denunciar essa educação voltada à submissão, à docilidade. Lembremo-nos: o ato criador é rebelde e subversivo – é, sobretudo, um ato de coragem. Coragem de não se aceitar o estabelecido, propondo uma nova visão, uma nova ordem, uma nova correlação de forças.

Precisamos destruir essa visão de educação como uma guerra entre professores e alunos. Uma guerra que levou uma certa diretora de uma escola de 1º grau a propor ao professor do estabelecimento: "como esta classe é muito difícil de se *dominar,* sugiro-lhe que coloque várias receitas de bolos e pastéis no quadro-negro, e os obrigue a copiar em silêncio".

Não precisamos mais de fórmulas e receitas educacionais – precisamos sim é de um comprometimento humano, pessoal, valorativo, com a educação e a nação. Precisamos de uma real arte-educação, e não de uma "arte culinária". Uma arte culinária cuja receita principal é cozinhar em fogo brando os corações e as mentes das novas gerações, para servi-los no grande banquete do desenvolvimento industrialista.

Resumo das ideias principais

- Nosso modelo educacional sempre assentou-se sobre bases utilitaristas e pragmáticas.
- A Lei 5.692/71 teve como finalidade principal a produção de mão de obra acrítica para o modelo de desenvolvimento que adotamos.
- Apesar de existir na letra da Lei, a arte-educação no Brasil está relegada a ser mera disciplina "decorativa" nos currículos.
- Nesse contexto a arte-educação acaba sendo usada como mais uma imposição de valores e modelos alheios ao educando.
- O papel homogeneizante da televisão se reflete também no interior da arte-educação.
- A educação, especialmente no campo artístico, não é uma atividade "neutra", mas implica a expressão pessoal de valores, sentimentos e significações.